KÖNIGS FURT

Zu diesem Buch

Eine gut lesbare, hilfreiche Einführung in die Traumdeutung, mit Beispielen und zahlreichen Praxistips.

- Einsteiger/innen finden hier alle nötigen Hinweise, um selbständig mit der Deutung der Träume zu beginnen.
- Für Kenner/innen der Materie eröffnet dieses Buch neue Perspektiven durch aktuelle Traumthemen (z.B. »Das innere Kind«), neue Forschungsergebnisse (etwa zu den »klassischen Fallträumen«) und weiterführende Hinweise (so zu den »Archetypen« im Traum).

Klausbernd Vollmar und Johannes Fiebig verstehen es in besonderer Weise, die wissenschaftlichen, praktischen und oft sehr individuellen Aspekte der Traumdeutung zu vereinen.

Der selbständige Umgang mit den Träumen in der Nacht ist für sie zugleich ein Schlüssel zum Verständnis und zur Verwirklichung der »Träume«, die wir für unser Leben haben.

Klausbernd Vollmar, Diplom-Psychologe und Heilpraktiker, wurde am 22.11. 1946 in Remscheid geboren. Er studierte Germanistik, Philosophie und Psychologie, war Lektor des Goethe-Instituts in Finnland und Mitarbeiter mehrerer Kulturzeitschriften und Magazine in Deutschland und Finnland, später auch in Kanada, Griechenland und Schweden. Er leitete eine Drogen- und Jugendberatungsstelle in Westdeutschland. Seit 1982 ist der bekannte Therapeut und Schriftsteller abwechselnd in Norfolk/England und im Rheinland zu Hause.

Johannes Fiebig, Autor und Verleger, wurde am 30.3.1953 in Köln geboren und lebt in Schleswig-Holstein. Er studierte Sozialwissenschaften, Geschichte, Germanistik, Psychologie und arbeitete nach abgeschlossener Lehrerausbildung fünf Jahre als Verlagslektor. Seit 1984 als freier Schriftsteller tätig, zählt er heute zu den bekanntesten deutschsprachigen Tarot-Autoren. Die Traumdeutung ist erklärtermaßen ein Eckpfeiler seiner ›Spurensuche‹ nach neuen Wegen in den Bereichen Symbolsprachen, Psychologie und Grenzwissenschaft.

Klausbernd Vollmar / Johannes Fiebig

Gelebte Träume sind die besten Träume

Einführung in die Traumdeutung

Königsfurt

Originalausgabe
Königsförde Oktober 1993
2. Auflage 1995

Königsfurt 6
D-24796 Klein Königsförde
am Nord-Ostsee-Kanal
(Post Bredenbek)
Umschlaggestaltung: Michael Rompf, Hamburg
Schreibarbeiten: Sigrid und Ralf Meisner, Krummwisch
Gesamtherstellung: Clausen & Bosse, Leck · Printed in Germany
Gedruckt auf chlorfrei gebleichtem Papier
ISBN 3-927808-17-2

Inhalt

Vorwort

In welcher Zeit wären *Träume* wichtiger und spannender gewesen als heute? Mehr Menschen als je beschäftigen sich *selbständig* mit Träumen und ihrer Bedeutung. Immer mehr Menschen verfügen über die reale Chance, ihre persönlichen *Lebensträume* nicht nur zu träumen, sondern auch zu erkennen und wahrzumachen. Es sind jedoch dadurch nicht unbedingt weniger Menschen, die von unerlösten *Alpträumen* geplagt werden, die eine *traumatische Routine* oder eine *traumlose Leere* des Lebens empfinden. Dies alles ereignet sich auch vor dem Hintergrund einer Zeitsituation, in der viele uralte Menschheitsträume versprechen oder drohen Wirklichkeit zu werden. Träume und Traumdeutung besitzen heute einen besonderen Stellenwert und vollziehen einen faszinierenden Wandlungsprozeß.

Ziel der vorliegenden, in mancher Hinsicht neuartigen Einführung in die Traumdeutung ist es daher, einen zuverlässigen Überblick über die aktuelle Bandbreite der Traumdeutung zu geben. Von den Nachtträumen spannt sich der Bogen bis zu den großen Lebensträumen, von der Geschichte bis zu neuen, ganz frischen Perspektiven der Traumdeutung und von der seelischen und geistigen Erforschung des Unbewußten bis zu körperlichen und künstlerisch-praktischen Übungen im Umgang mit den Träumen. Dabei war und ist für uns die »klassische« Traumdeutung – die aufmerksame Interpretation der unwillkürlichen Nachtträume – die Basis jeder Art der Traumarbeit.

Neben dem Überblick kommt es im folgenden vor allem auf den Einstieg in die Eigeninitiative bei der Deutung der Träume an. Wir haben Handwerkszeug, zahlreiche Fallbeispiele und Praxistips zusammengestellt, die es Ihnen erlauben, so persönlich wie möglich und so methodisch-konsequent wie nötig mit der Traumdeutung zu beginnen und fortzufahren. Hinweise dazu finden Sie in jedem der nachfolgenden Kapitel, die Sie im übrigen auch einzeln oder in umgekehrter Reihenfolge lesen können.

Zwei Jahre lang haben wir recht intensiv am »Handbuch der Traum-Symbole« gearbeitet – Klausbernd Vollmar als Autor, Johannes Fiebig als Herausgeber. In dieser Zeit (1991/92) entstand die Idee zu der vorliegenden Einführung in die Traumdeutung. Die Texte entwickelten wir separat. Der eine schrieb in England, der andere in Norddeutschland. Die Urheberschaft der einzelnen Kapitel ist im Inhaltsverzeichnis vermerkt. Ein intensiver Erfahrungsaustausch hat dieses neue Buch durch seine Entwicklungsstufen begleitet und zu einer Lektüre werden lassen, deren Inhalt und Anliegen es ist, Brücken zu schlagen: Brücken zwischen den Autoren und Leser(inne)n sowie Brücken in der Sache – zwischen praktischer Anwendung und wissenschaftlichem Anspruch, zwischen Fantasie und Realismus, zwischen Gefühl und Geist.

Die Traumdeutung vermag uns wohlbehalten durch den Strom der Gefühle, den Fluß der Zeit und das Meer der Wünsche zu führen. Darin gleicht sie, dieser *Königsweg* ins Reich der inneren Bilder, einer Brücke oder einer *Furt*, wo wir sicheren Fußes stets einen geeigneten Überweg finden.

Cley-next-the-sea und Klein Königsförde,
im August 1993

Klausbernd Vollmar & Johannes Fiebig

Heute schon geträumt? Vom Umgang mit Träumen

50000 Stunden träumt ein Mensch durchschnittlich in seinem Leben. Jede Nacht 1,5 bis zwei Stunden, in vier bis fünf Etappen. Gut genutzt und wohl entwickelt, ist das ein unglaubliches Reservoir der Lebensenergie und der seelischen Erneuerung. 50000 Stunden – das sind nicht weniger als zwei Drittel der Berufsarbeitszeit im ganzen Leben (durchschnittlich gesehen, versteht sich). Wer in seinem Beruf eine Zwei-Drittel-Stelle bekleidet, der oder die arbeitet genau soviel im Leben wie er oder sie träumt!

Nun vergleichen Sie bitte: Wieviel Aufwand treiben wir für den Beruf und wieviel für unsere Träume? Da haben wir ein Problem: Die Träume kommen meistens zu kurz! Jedenfalls in der Wertigkeit, dem Stellenwert, den wir ihnen zu geben bereit sind.

Nicht zuletzt aus diesem Grund hat schon vor geraumer Zeit etwa der bekannte Philosoph und Psychologe *Erich Fromm* dafür plädiert, die Symbolsprache der Träume als »einzige Fremdsprache, die jeder von uns lernen sollte«, zu betrachten und in den Unterrichtsplan aller Schulen und Hochschulen aufzunehmen. Wir wollen es hier ein wenig bescheidener und praktischer ausdrücken: *»Im allgemeinen hilft es bereits sehr viel weiter, wenn wir täglich ebensoviel Aufwand wie für die Brotzeit auch für die Traumzeit betreiben und uns mit derselben Selbstverständlichkeit wie die tägliche Körperpflege auch eine alltägliche Seelenpflege gönnen.«*

Schöne Träume – schlimme Träume

Nun sind viele Menschen durchaus an ihren Träumen interessiert; sie würden sich nur gern öfter und besser an ihre Träume erinnern! Wie sich dieses Anliegen verwirklichen läßt, lesen Sie in diesem Buch auf Seite 67 ff. Die psychologische Erfahrung sagt zu diesem Wunsch (»Ich möchte mehr von meinen Träumen erinnern«) folgendes:

Die Beachtung, die wir den nächtlichen Träumen schenken, steht in direkter Beziehung zu der Aufmerksamkeit, die wir für unsere Lebensträume aufbringen. Ein konkretes Beispiel: Ein junger Mann fand seine Träume erst beachtenswert, als er im Alter von 29 Jahren geschieden wurde. In dieser Situation machten sich seine nächtlichen Träume unübersehbar für ihn bemerkbar. Er erinnerte sich am Morgen und tagsüber viel besser an das, was er des Nachts, im Schlaf geträumt hatte. *Und* zur selben Zeit tauchte in ihm die Erinnerung an seine »Träume«, die er mit 17 oder 18 Jahren gehabt hatte, wieder auf. Diese Jugendträume – wie zum Beispiel auf dem Land zu leben und Musik zu machen – waren seither untergegangen, hatten keine Rolle mehr in seinem Leben gespielt und kamen erst jetzt, unter Eindruck des großen Wandels in seinen persönlichen Verhältnissen, wieder zu Bewußtsein.

Wie in diesem Fall, stellen viele krisenhafte Wandlungssituationen eine besondere Chance des persönlichen Wachstums dar. Es ist kein Zufall, wenn die »andere« Realität der Traumwelt in demselben Moment wichtiger wird, in dem ein gewohnter Tagesablauf ins Wanken gerät. Das bewußte Ich ist vielleicht verletzter, aber auch offener und motivierter, bestimmte Wünsche und Ängste zuzulassen und zu verarbeiten.

Ob Sie sich gut oder schlecht an Ihre Nachtträume erinnern, kann also ein Spiegel dafür sein, wie Sie es mit den Träumen für Ihr Leben halten. Wenig Kenntnis von den Nachtträumen warnt möglicherweise vor einer Mißachtung oder Unterschätzung der persönlichen Lebensträume. Reichhaltige Erinnerung an die Träume aus der Nacht zeigt die Existenz und den Einfluß von lebendigen Wünschen und Traumvorstellungen im persönlichen Leben an; hier liegt es an Ihnen, die Nachtträume ebenso wie die Lebensträume zu *deuten*, damit Sie wissen, was sie wirklich bedeuten, das heißt, was Sie praktisch mit ihnen anfangen können.

Wir träumen jede Nacht. Jeder Mensch, ausnahmslos. Nur *wieviel* wir davon bemerken, fällt von Mensch zu Mensch und je nach Lebensphase unterschiedlich aus. Psycholog(inn)en und Neurolog(inn)en haben in Experimenten eine eindrucksvolle Beobachtung gemacht: Unsere (nächtlichen) Träume sind unerläßlich für unsere Gesundheit und unser seelisches Gleichgewicht. Forscherinnen und Forscher können die Testpersonen in sogenannten »Schlaflabors« so beeinflussen, daß sie *nur am Träumen*, nicht jedoch am Schlafen *gehindert* werden. Die Ergebnisse einer solchen tatsächlichen *Traumlosigkeit* sind verheerend. Schon nach wenigen Tagen kontinuierlichen Traumentzugs erfolgt eine seelische Krise oder ein Nervenzusammenbruch. Wohlgemerkt, das sind »nur«

die Folgen von fehlenden Träumen, selbst bei völlig ausreichendem Schlaf.

Diese nachgewiesenen Resultate eines fortgesetzten Traumentzugs dürfen wir auf die »Träume« in ihrer weiteren Bedeutung übertragen: Wenn unsere *Lebensträume* keine Chance zur Entfaltung erhalten, folgt seelisch eine Krise oder sogar ein Zusammenbruch. – Daher erklärt sich der bereits angesprochene Zusammenhang, daß seelisch bewältigte Krisen zu einer verstärkten Neubesinnung auf die eigene Träume führen.

Wenn verschüttete Träume wieder zum Vorschein kommen, kann sich im übrigen eine paradoxe Reaktion ereignen: Schlaflosigkeit kann sich einstellen, gerade weil bestimmte wichtige Träume ins Bewußtsein drängen. So schrieb ein 17jähriger Schüler in sein Tagebuch: »Nachts auf einmal – dann, / wenn ich nicht schlafen kann, / denke ich an Neuanfang. / Es ist doch und es müßte gehen – / denn eigentlich bei Nacht besehen – / ganz anders, tiefer und auch schöner. / (...) An Freunde denk' ich, Freude, Kuß, / an Besseres, es herrscht kein Muß / nachts, wenn ich nicht schlafen kann...«

In diesem konkreten Fall war es für den Betreffenden notwendig, um seine Träume tatsächlich zu kämpfen. In seinem rigiden Elternhaus drohten seine eigenen Ansprüche auf Liebe, Freundschaft und Glück in einer Fülle geregelter Pflichten unterzugehen. Zunächst trug er selbst auch wenig zur Ablösung von seinen Eltern bei. Die Träume waren »sein« Reich, hier hatte er seinen Rückzug und eine Ersatzheimat gefunden. Erst als die Schlaflosigkeit ein Problem wurde, versagten die Träume als Fluchtpunkt, und ein zweijähriger mühsamer, aber erfolgreicher Weg der Emanzipation führte den Schüler nach seinem Abitur zur Abkoppelung vom Elternhaus und zu einer eigenen »Existenzgründung«, wie er es nannte. – Wie hier, so gehört vielfach Kampf dazu, die eigenen Träume ernstzunehmen. Aber bei genauerem Hinsehen zeigt sich meist, daß der Kampf vor allem darin besteht, *Mut* zu eigenen Entscheidungen und *Vertrauen* in den persönlichen Weg aufzubringen. Wer seine Träume verwirklichen will, vermag dies nicht im Traum. – Schlaflosigkeit kann unter diesem Aspekt ausnahmsweise heilsam sein – solange sie ein notwendiges Erwachen darstellt.

Vom Erwachen handelt jedoch auch eine ganz andere Gruppe von Träumen, die wir eher loswerden und vergessen als annehmen und umsetzen möchten: Die Alp- und Schreckensträume. »Heute schon geträumt?« – »Lieber nicht«, möchten wir antworten, falls wir uns in einem Lebensabschnitt befinden, in dem unsere Träume mehr von Sorge, Angst oder Not als von allem anderen erfüllt sind.

Die Deutung dieser Träume ist ein heikles Thema, weil hier mit viel Liebe, aber oft auch mit viel Kritik, Trauer oder Wut eine persönliche Vision, der geeignete Hoffnungsschimmer am Horizont gefunden werden muß. (Praktische Lösungsbeispiele finden Sie in diesem Buch auf Seite 56 ff.) Wenn uns Alpträume nachts aufschrecken, kann dies entweder ein Hinweis darauf sein, daß wir in unserem Tagesbewußtsein »erwachen« sollten, um ein bestimmtes Problem selber zu lösen, oder es macht uns klar, daß wir uns auch tagsüber zu sehr erschrecken lassen und mehr Ruhe und Frieden finden müssen.

Es gibt einen sogenannten *Tagesrest* im Traum. Damit bezeichnete Sigmund Freud Fantasien und – oft bruchstückhafte – Erinnerungen von bestimmten Ereignissen des vergangenen Tages, derer sich der Traum bedient, um damit eine ganz eigene Geschichte darzustellen. Wenn Sie zum Beispiel tagsüber in einer Reinigung verschmutzte Kleidung abgegeben haben, so kann der Traum diese Szene anschließend aufgreifen und in anderem Zusammenhang wiedergeben, etwa dem, daß unter Ihren Kolleginnen oder Kollegen »schmutzige Wäsche« gewaschen wird.

Neben solchen Tagesresten im Traum kennt die Traumpsychologie auch umgekehrt »Traumreste« im Tagesbewußtsein. So kann es zum Beispiel geschehen, daß wir tagsüber Kleider in die Reinigung bringen, *weil* wir nachts zuvor davon geträumt haben (vielleicht ohne es am Tag danach bewußt zu erinnern), daß wir eine gewisse Angelegenheit *bereinigen* möchten.

In dieser wechselseitigen Verquickung von Tagesbewußtsein und Traumleben haben Alpträume auf ihre Art eine wichtige Botschaft für unser tägliches Verhalten und unsere innere Einstellung. Man muß sie zunächst annehmen, um sie sodann loszuwerden. Wie um die Erfüllung der Wunschträume, so müssen wir um die Erledigung von Angstträumen immer wieder mit allen Kräften *kämpfen*.

Eines ist dabei jedoch gewiß: Es ist besser, die eigenen Ängste zu kennen, als daß sie unerkannt ihre Macht über uns besitzen. Eine Regel aus Therapie und Selbsterfahrung besagt: Es ist ein Zeichen seelischer Gesundheit (!), wenn vor oder nach einschneidenden Ereignissen Angstträume auftreten. Wenn jemand etwa eine wichtige Prüfung vor sich hat, wenn die Geburt eines Kindes, eine Operation, ein Umzug oder andere wesentliche Änderungen bevorstehen, dann ist es ein Grund zur Beunruhigung, wenn *keine* Angstträume auftreten!

Wenn Sie Angst- oder Alpträume auflösen und loswerden wollen, finden Sie einen guten Einstieg, indem Sie sich fragen, welche wichtige Änderung in Ihrem Leben hinter oder vor Ihnen liegt.

Deutung aus erster Hand

Ihre Träume gehören Ihnen. Machen Sie etwas daraus. Schimpfen Sie zum Beispiel nicht auf andere, wenn diese in *Ihren* Träumen unfreundlich oder sonstwie unmöglich zu Ihnen waren. Schauen Sie zuerst bei sich nach, was Ihr Traum *Ihnen* zeigen möchte: Vielleicht möchte er sie lehren oder herausfordern, auf die Unfreundlichkeiten anderer einmal anders als gewohnt zu reagieren. Vielleicht vermittelt er Ihnen auch die heilsame Einsicht, daß ein gewisser Teil *in Ihnen* unfreundlicherweise Ihnen das Leben schwermacht.

Ihre Träume bleiben *Ihre* Träume, auch dann, wenn es richtig und notwendig ist, sich Rat und Hilfe bei Freunden und Freundinnen oder in einer psychologischen Beratung zu holen. Ein praktischer Fall: Wenn in Ihren Träumen ein Baum eine besondere Rolle spielt, so hält das psychologische Fachwissen vieles bereit, was dieser Baum bedeuten *könnte*: Der Baum ist ein wichtiges Symbol für den Menschen selber, ein Sinnbild für seine Existenz als »Bürger zweier Welten« (mit dem Kopf im Himmel, mit den Füßen auf der Erde), ein Zeichen für Fruchtbarkeit und Gefährdung der Natur (s. Waldsterben), wobei »Natur« im Traum stets die äußere Natur (Lebensumfeld) oder aber die innere Natur (Wesensart, Eigenheit) der/des Träumenden meinen kann; wie der Baum im Traum erscheint – allein oder im Wald, auf fruchtbarem Boden oder kargem Grund usw. –, das kann immer ein Symbol für den oder die Träumende/n selber sein; es hat sogar Träume gegeben, in denen die Gestalt des Baumes im Traum durch Verletzungen oder einseitiges Wachstum auf noch unerkannte Krankheiten des Träumenden hingewiesen hat; usw. –

Dieses und anderes vermag das Deutungswissen zusammenzutragen. Ihr Freund oder Ihre Freundin würde Sie vielleicht anschauen, während Sie von Ihrem Traum erzählen, und aus Ihrer Gestik oder Mimik heraus darauf schließen, was Ihr Traum für Sie auslöst und bedeutet. Ein Therapeut oder eine Therapeutin würde aus eigener Beobachtung heraus vielleicht wieder andere Zusammenhänge erkennen und hervorheben. – Doch neben all diesem kann der Baum im Traum Ihnen eine Botschaft vermitteln, die *nur Sie* erkennen können, etwa daß dieser Baum an Ihren letzten Urlaub erinnert und Ihnen deshalb wieder im Traum erscheint, weil Sie sich urlaubsreif fühlen, oder vielleicht haben Sie unter einem solchen Baum Ihre ersten sexuellen Erfahrungen gemacht – wer weiß es, außer Sie selbst?!

In diesem Sinne werden Sie Ihre Träume in erster und letzter Instanz jeweils selber deuten. Die Methoden, Erfahrungen und Techniken der Traumdeutung, über die Sie dieses Buch insgesamt informieren möchte, liefern Ihnen das Handwerkszeug, mit dem Sie mehr aus Ihren Träumen machen, und den Hintergrund, vor dem sich erst das Besondere Ihrer Träume abzeichnet.

Die Auseinandersetzung mit persönlichen Wünschen und Ängsten kann dabei als der beste *rote Faden* für die praktische Traumdeutung bezeichnet werden. Sie sind die Wegweiser in der Welt der Träume (und der Emotionen, die damit verbunden sind).

Nützlich ist es, zusätzlich einen Wegbegleiter *im* Reich der Träume zu haben, einen Freund und Helfer (eine Freundin und Helferin), den (oder die) wir im Traum treffen und ansprechen können, wie zum Beispiel den Alten Zauberer in der folgenden Fantasiereise.

Lesen Sie erst die nachstehende Beschreibung durch und dann unternehmen Sie diese Reise mit geschlossenen Augen. Der »Alte Zauberer« hat Ihnen etwas zu geben und zu sagen, das Ihnen Ihren Weg zum Verständnis der Träume erleichtern wird – jetzt und immer wieder, wenn Sie ihn besuchen.

Mit Ihren Träumen per Du

Im folgenden finden Sie als Anregung eine Fantasiereise, welche die Hinwendung zum persönlichen Weg unterstützen kann.

Zum Ablauf: Lesen Sie den folgenden Text der Fantasiereise (quasi den »Reiseprospekt«) mehrmals durch, bis Sie ihn sinngemäß auswendig können. Oder sprechen Sie ihn, mit Pausen bei den Gedankenstrichen, auf eine Cassette, welche Sie später ablaufen lassen können. – Nehmen Sie sich nun etwas Zeit, legen Sie das Buch zur Seite, und sorgen Sie dafür, daß Sie in Ihrer Muße einstweilen nicht gestört werden. – Entspannen Sie sich und sammeln Sie sich. Setzen oder legen Sie sich bequem hin. Atmen Sie tief und ohne Anstrengung. Und schließen Sie die Augen.

Sie gehen auf einer großen Straße, auf der viele Menschen unterwegs sind. – Pause. – Sie gehen auf dieser großen Straße. Viele Menschen sehen Sie da. – Während Sie noch vorangehen, erkennen Sie auf einer Seite einen Weg, der von der Straße abführt. – Sie gehen in diesen Weg hinein, und während Sie weiterschreiten, bemerken Sie, daß der Weg in einen Wald führt. – Sie sehen das Grün der Bäume und spüren die frischere Luft. – Der Weg wird ein wenig schmaler, die Bäume werden dichter. Sie betrachten im Gehen den Weg und die Bäume und folgen ihren Schritten. – Der Weg führt um eine Biegung. Wie Sie vorangehen, bemerken Sie weiter vor sich eine Bewegung. – Sie gehen weiter und erkennen eine Lichtung, auf welche der Weg zuführt. – Sie kommen näher, und allmählich sehen Sie einen großen Felsen, einen Felsberg am Rande der Lichtung. – Während Sie an die Lichtung herankommen, sehen Sie den Alten Zauberer, der vor dem Felsen steht. Sie betreten die Lichtung und begrüßen den Alten Zauberer. – Dieser schaut kurz zu Ihnen hin. Und während Sie den Alten Zauberer musternd betrachten, stellen Sie ihm eine Frage: …– Er antwortet Ihnen: …– Sie bedanken sich für seine Antwort. Und während Sie sich anschicken, wieder umzukehren, gibt der Alte Zauberer Ihnen etwas mit; es ist ein… – Sie nehmen es und verwahren es bei sich. Sie wenden sich um und gehen den Weg zurück. – Sie schreiten gut voran. – Sie kommen um eine Biegung. Im Gehen betrachten Sie den Weg und die Bäume. – Der Weg wird ein wenig breiter, die Bäume werden weniger dicht. Sie sehen das Grün der Bäume und spüren die frische Luft. – Und während sie weiterlaufen, bemerken Sie, daß der Weg allmählich auf eine große Straße zuführt. – Sie gehen weiter. Nun nähern Sie sich der Straße, und als Sie die große Straße erreichen, begrüßen Sie sie – und gehen in die Straße hinein. – Auf der Straße sind viele Menschen unterwegs. – Sie schauen und damit gehen Sie weiter. Sie gehen weiter. – Pause. – Nun beenden Sie Ihre Fantasievorstellung. – Atmen Sie tief und ohne Anstrengung. – Stellen Sie sich den Raum vor, in dem Sie sitzen oder liegen. – Pause. – Bewegen Sie sich ein wenig. – Öffnen Sie nun wieder die Augen. – Sammeln Sie sich und entspannen Sie sich. – Pause. – Notieren oder merken Sie sich Ihre Eindrücke so, wie Sie es auch mit einem Traum machen würden. – Schalten Sie allmählich um, auf das, was Sie als nächstes tun werden.

Schritte auf dem Königsweg
Zur Geschichte der Traumdeutung

Die Traumdeutung aber ist«, so der markante Satz von Sigmund Freud, »die Via regia (der Königsweg) zur Kenntnis des Unbewußten im Seelenleben«. Das Werden und Wachsen dieses Weges möchte ich hier darstellen. Diese mit den Anfängen der großen Kulturen beginnende Geschichte werde ich daraufhin abklopfen, was heute noch praktisch von ihr gebraucht werden kann.

Ägypten und Assyrien

Die beiden ältesten Traumbücher, die wir kennen, sind rund 4000 Jahre alt.

Mit dem Hieratischen Traumbuch aus dem mittleren Reich Ägyptens (etwa 2000 v.u.Z.) fängt die belegte Traumdeutung an. Es werden Träume danach unterschieden, ob der Träumende einen guten oder bösen Lebenswandel führt, eine Einteilung, die wir später auch in Hildegard von Bingens (1098–1179) Traumbetrachtung finden. Die Träume der guten Menschen sind vorausweisend und werden positiv gedeutet, die der schlechten Menschen negativ.

Auch das Assyrische Traumbuch (etwa 1700 v.u.Z.) geht davon aus, daß der Traum auf die Lebensführung des Träumers zurückzuführen ist und daß die meisten Träume Ereignisse voraussagen.

Beide Ansätze dieser frühesten Traumbücher:

- der Traum selbst sowie seine Bedeutung sind vom Leben des Träumers bzw. der Träumerin abhängig,
- der Traum weist Voraussagecharakter auf,

finden wir noch heute. Wenn Sigmund Freud viel später davon spricht, daß der Traum Tagesreste verarbeitet, trifft er damit die Auffassung dieser Traumbücher in ihrem Kern. Es ist erstaunlich, daß schon den ersten Traumdeutern klar war, daß ein Traum nie ohne die Kenntnis des Lebenszusammenhangs des Träumers zu deuten ist.

Von den frühesten Traumtexten bis hin zu der griechischen, römischen und besonders der biblischen Traumbetrachtung zieht sich die Gewißheit, daß Träume oft eine vorausdeutende Funktion haben. *Sie bereiten uns häufig auf bevorstehende Ereignisse vor.* Den beiden ersten Traumbüchern war allerdings noch nicht klar, daß die vorausdeutende Funktion nur eine unter vielen darstellt und keineswegs andere Funktionen des Traums aufhebt.

Einige Traumforscher vermuten heute, daß jeder Traum etwas voraussagt, wobei diese Voraussage jedoch meistens unbemerkt bleibt. Träumen heißt, sich in einer »anderen« Realität bewegen. In dieser anderen Welt können wir auf unsere Ahnen und auf unsere Ahnungen treffen, auf die Schatten der Vergangenheit sowie auf die Schatten, welche die Zukunft vorauswirft. Sigmund Freud erklärte zur voraussagenden Kraft der Träume: »Aber völlig konnte auch er (der Verfasser, d.h. Freud selber) nicht die Beziehung des Traumes zur Zukunft verwerfen, denn nach Vollendung einer mühseligen Übersetzungsarbeit erwies sich ihm der Traum als ein als erfüllt dargestellter Wunsch des Träumers, und wer könnte bestreiten, daß Wünsche sich vorwiegend der Zukunft zuzuwenden pflegen.« – Das Verständnis der persönlichen Wünsche und Ängste, die im Traum erscheinen, ist in diesem Sinne das wichtigste Instrument zur Erhellung der Zukunft, die der Traum anzeigt.

Griechenland

Im klassischen Griechenland galt der Traum durchweg als eine von den Göttern gesandte Botschaft. So sprach Homer vom Traum als einem geflügelten Wesen, das dem Träumer göttliche Botschaften überbringt. Der Gott Asklepios wurde als der Sender heilender Bilder gesehen. Man half jedoch in seinen Tempeln etwas nach: Im Schlafsaal, in dem der vorbereitete Kranke die heilenden Bilder des Gottes empfangen sollte, krochen Schlangen auf dem Boden, und ferner bereitete ein Reinigungsritual auf den Empfang bestimmter Träume vor. Der Kranke wurde auf die sogenannte *Kline* gelegt (griechisch für Schlafbank). Auf der Kline empfing er seinen Traum und fand seine Gesundheit wieder. Die Kline der Griechen war der Vorläufer unserer *Klinik* – und auch der Couch, die Freud zu Heilzwecken populär machen sollte. In den Schlaftempeln des Altertums jedenfalls wurde die Technik der *Trauminkubation* geboren, bei der man bewußt eine spezielle Art der Träume hervorruft.

Diese Technik ist gerade heute wieder sehr aktuell. Durch Klarträumen oder mit Hemi-Synch-Kassetten und brain-machines versucht man, Traumbilder gezielt hervorzurufen.

Bei den Griechen war durch die Einbettung in ein religiöses System die Wahl und Funktion der inkubierten Traumbilder vorgegeben. Bei der modernen Trauminkubation wird es dem oder der Träumenden selbst überlassen, welchen Bildern er oder sie sich zuwendet. Es stellt sich bei dieser Inkubationstechnik die Frage, welche Bilder und Träume ich hervorrufen will.

Wie der Priester im Tempel des Asklepios mit dem Träumer dessen Träume besprach, bedarf es auch heute der Aufarbeitung solch induzierter Träume – am besten mit einer/m Psychologen/in.

Rom

Als atemberaubende Pragmatiker waren die Römer nur an politischen Voraussageträumen interessiert. Besondere Träume mußte man den regierenden Konsuln anzeigen. Die Römer besaßen ein spezielles Gespür für politische Vorausdeutungen in Träumen. Viele politische Entscheidungen, selbst Cäsars Ermordung, sollen im Traum vorhergesagt worden sein.

Jüdische und christliche Traumtraditionen

Wie die Griechen nahmen die Juden und frühen Christen an, daß Träume von Gott gesandt würden. Im Talmud und der Bibel finden wir eine Fülle von Träumen, die differenziert gedeutet werden. Ich erinnere nur an den Traumdeuter Josef und den berühmten Traum Nebukadnezars vom abgehackten Baum. Dieser zweite Traum Nebukadnezars wird im Buch Daniel wie folgt beschrieben: Nebukadnezar träumt von einem Baum, der immer größer und stärker wird und der bis an den Himmel reicht. Es war ein schöner Baum, der viele Früchte trug und den alle Vögel liebten. Da kam ein Engel vom Himmel herab, der befahl, diesen Baum zu fällen. Nur der Baumstumpf sollte stehengelassen und sieben Jahre lang dem Wind und Regen ausgesetzt werden. – Daniel deutete diesen Baum als ein Symbol des Königs Nebukadnezar, der sieben Jahre lang krank und machtlos sein würde, bevor sein altes Königreich ihm wieder zufalle. Daniel betrachtete diesen Traum wie einen »inflationären« Traum im Sinne C. G. Jungs: Wer sich als zu groß sieht, wird im Traum verkleinert.

Die meisten Träume in der Bibel werden wie bei den Römern politisch vorausdeutend betrachtet. Daß sie Wesentliches über den individuellen Träumer aussagen, darauf haben erst Freud und Jung aufmerksam gemacht.

Im frühen Mittelalter unterbrach Papst Gregor (715–731) die christliche Traumdeutung, indem er sie unter Androhung des Todes verbot. Nun galt der Traum nicht mehr als Sprache Gottes, sondern als Verführung des Teufels. Mit Beginn der Hexenverfolgung wurde die Traumdeutung als Hexenwerk gebranntmarkt. Allerdings erlebte sie zu dieser Zeit im islamischen Bereich eine Hochblüte. Als kabbalistisch ausgerichtete Mathematiker war man im maurischen Spanien und Arabien sehr an der zahlensymbolischen Deutung des Traumes interessiert, die heute nur noch eine untergeordnete Rolle spielt.

Taten das christliche Mittelalter und die Aufklärung die Träume als Fantasiegebilde, Teufels- und Hexenwerk ab, so schlummerte die Beschäftigung mit dem Traum bis zur Romantik, um dann jedoch einen gewaltigen Aufschwung zu erleben.

Das Zeitalter der Romantik

Die Romantik brachte dem Traum ein großes Interesse entgegen. Dichter wie Tieck, Schlegel, Eichendorff, Herder und Novalis wandten sich fasziniert dem Traum zu. Zu erwähnen ist hier der bekannte Traum Heinrich von Ofterdingens (in dem gleichnamigen Roman von Novalis) von der blauen Blume: Der junge Held sieht zu Beginn des Romans im Traum das Gesicht eines schönen Mädchens in der zu suchenden Blume.

Besonders einflußreich sollten jedoch die Theorien des Arztes und Malers Carl Gustav Carus (1789–1869) werden, der eine Beschreibung des Unbewußten versuchte. Ganz im modernen Sinne stellte für ihn der Traum den wichtigsten Zugang zum Unbewußten dar. Carus sah klar die Wichtigkeit des Gefühls im Traum: Für ihn hält das Gefühl des Träumers seine Traumbilder zusammen.

Es kann auch heute nicht genug betont werden, daß jede/r Träumer/

-in sich zunächst die Gefühle in und zu einem Traum verdeutlichen soll. Sie stellen den wichtigsten Schlüssel zum Traumverständnis dar.

Zum anderen war es Carus, der wie später C.G. Jung zwei Ebenen des Unbewußten unterschied.

Mesmer und Charcot – die Vorläufer Freuds

Ein Zeitgenosse von Carus war Franz Anton Mesmer (1734–1815), der als der »Großvater« von Sigmund Freud und der Tiefenpsychologie angesehen wird. Der Arzt, Theologe und Jurist Mesmer entdeckte im Jahr 1775 in Wien den tierischen Magnetismus. Da er in deutschen Landen verkannt wurde, ging er 1778 ins vorrevolutionäre Paris, wo er eine Massenbewegung auslöste.

Krankheiten, so behauptete Mesmer kühn, seien Blockierungen im Magnetismus des Menschen, die den Lebensfluß hemmten. Um diesen Lebensfluß wieder zum Fließen zu bringen, wurden die Patienten in einem magischen setting mit Pendel und dem geradezu wie ein Zauberer auftretenden Mesmer, oft vor einem großen Publikum, hypnotisiert. Dabei kam es zu emotionalen Entladungen und Körperzuckungen, durch welche die Blockierungen aufgelöst wurden. Mesmer selber strich noch mit seinen »magnetisierten« Fingern mit Vorliebe über den Bauch seiner Patientinnen; zugleich gab es jedoch eine starke Gruppierung unter den Anhängern Mesmers, die ihre Patienten aus Überzeugung nie berührten. Sie lenkten die Lebensenergie mit Hilfe ihrer »magnetisierten Vorstellung« durch deren Körper.

In der »magnetischen Trance« gaben die Patienten ihre kränkendsten Träume preis, und sie strömten Mesmer zu, um sich von wiederholenden Alpträumen heilen zu lassen. Krankheit, die sich in Träumen und Fantasien ausdrückt, ist nach Mesmer ein Ausdruck des (Lebens-) Unwillens oder eines geschwächten Willens, der in der Hypnose wieder gestärkt wird.

Damit hat Mesmer die Hypnose zur Heilung psychischer Blockierungen wiederentdeckt. Doch seine Zeit – und auch er selber – war noch nicht reif, hier den Beginn einer modernen Tiefenpsychologie zu sehen. Dafür war Mesmer noch zu sehr ein Zeitgenosse Cagliostros, der an das Magische in seiner Kur glaubte. Mesmers Anhänger standen mit dem schwedischen Medium Emanuel Swedenborg in Kontakt, sie kamen aus der Alchemie, der Freimaurerei und den Rosenkreuzer-Gruppen. Für sie war jede Heilungssitzung ein Ritual, in dem sich letztendlich Menschen und Planeten wechselseitig beeinflußten.

Seine Arbeit mit dem Unbewußten wollte Mesmer nicht psychologisch ausbauen, da er vom naturwissenschaftlich-aufklärerischen Geist seiner Epoche beseelt war. Für Mesmer war bis zu seinem Tode seine Theorie des tierischen Magnetismus eine moderne naturwissenschaftliche Lehre, die keine Spekulation über Einbildungs- und Vorstellungswelten zuließ.

Mesmer stand zwischen Naturwissenschaft und Spiritismus. Er mochte seine Vorstellungen nicht systematisch in die Tiefen der menschlichen Psyche leiten, weswegen er sich selbst nur sparsam zum Phänomen des Traumes äußerte. Allerdings nahm sich sogleich nach seinem Tode sein treuer Anhänger Dietrich Georg Kieser ausführlichst des Traumes an. In seinem zweibändigen Hauptwerk »System des Tellurismus oder thierischer Magnetismus« (1822) erklärte er den Traum als eine Erscheinung des Nachtlebens, bei der der Träumer auf genetisch ältere und fundamentalere Formen des Lebens zurückgeht. Diese Ansicht werden wir in differenzierterer Form später bei Freud, Jung und anderen wiederfinden.

Es war dann Jean-Martin Charcot (1825–1893), der an Mesmer anknüpfend mit großer Geste und Hypnose die weibliche Hysterie heilte. Freud reiste 1885 zu Charcot, um allerdings nach diesem Treffen die Anwendung der Hypnose fallenzulassen und sich der freien Assoziation zuzuwenden. Damit war die letzte Nachwirkung des Mesmerismus – die Hypnose – verschwunden und das Tor zur psychologischen Erforschung der unbewußten Traumwelten aufgetan. Dennoch wirft der Mesmerismus bis heute seinen Schatten auf die tiefenpsychologische Traumarbeit: Für ihn wie für viele moderne Psychologen ist die betrachtete Seele immer die kranke Seele. Daß sich das Unbewußte oder die Seele kreativ und somit meistens verblüffend gesund äußert, können wir erst heute erkennen, nachdem der Krankheitsbegriff in der Psychologie nicht mehr allein produktiv erscheint.

Die tiefenpsychologische Beschäftigung mit dem nächtlichen Traum

Sigmund Freud und die Psychoanalyse

Das sicherlich auf die gesamte moderne Traumdeutung einflußreichste Buch ist Sigmund Freuds »Traumdeutung«, das 1899 (auf 1900 vordatiert) erschien, um in den folgenden Jahren aufgeregte Auseinandersetzungen über den Traum und die menschliche Sexualität heraufzubeschwören.

Wer sich heutzutage mit den eigenen Träumen beschäftigt, sollte in Freuds Traumdeutung hineinblättern, die noch immer als Fundgrube für interessante Beobachtungen, Symbolzusammenhänge und therapeutischen Umgangsweisen mit dem Traum benutzt werden kann.

Freud ging in seinem Werk von zwei grundlegenden Thesen aus:

- der Traum ist der Hüter des Schlafes; d.h. daß innerpsychische Spannungen im nächtlichen Traum so verarbeitet werden, daß der/die Träumer/in nicht von ihnen aufwacht,
- der Traum verdeutlicht Wünsche, die man sich selbst nicht zugesteht (Kompensation im Traum).

Mit diesen beiden Ansichten sollte sich die gesamte Traumliteratur bis heute auseinandersetzen.

Nach meiner Überzeugung ist jedoch der Traum nicht so sehr der Hüter des Schlafes als der Hüter des psychischen Gleichgewichtes des Träumers. Der Traum ergänzt die einseitige, vom Bewußtsein geprägte Sicht des Träumers, um ihn psychisch gesund zu halten. Dabei greift er teilweise zu derart drastischen Mitteln, daß der Träumer, wie im Alptraum, durch die erschreckenden Traumbilder erwacht. Die innerpsychischen Spannungen können ein solches Ausmaß erreichen, daß – wie schon Freud betonte – ihre Verarbeitung im Traum keineswegs den Schlaf hütet, sondern vielmehr den Träumer erschreckt aufweckt.

Ich glaube nicht, daß der Traum einzig auf verdrängte Wünsche reagiert, denn moderne Symboluntersuchungen legen nahe, daß es weitere Ebenen in jedem Traum gibt.

Der große Stein des Anstoßes war und ist jedoch Freuds Betonung der Sexualität. Es entspricht meiner Erfahrung als Therapeut, daß jeder Traum und jedes Traumbild unter anderem eine sexuelle Ebene besitzt. Das zeigt sich ganz deutlich in der Physiologie des Traumes. Während der Traumphasen zeigen jeder Träumer und jede Träumerin Symptome sexueller Erregung. Jede/r Träumer/in kann feststellen, daß die Träume immer auch die eigene Sexualität ansprechen.

Das große Verdienst Freuds liegt darin, uns die Augen für unsere Sexualität geöffnet und zugleich eine Sprache geschaffen zu haben, in der man angemessen über Sexuelles reden kann.

Freud erweiterte den Begriff der Sexualität, indem er jede nach Lust strebende Körperfunktion als sexuell bezeichnete und damit die Sexualität von der Fortpflanzungsfunktion entlastete. Weil er nicht nur den genitalen Kontakt als sexuell ansieht, sondern auch Zärtlichkeit, Liebe und Freundschaft darunter zählt, humanisierte Freud die Sexualität, d.h. er sieht sie als grundlegende menschliche Struktur an.

Wenn auch der verdrängte Wunsch als Energiequelle des Traumes nicht mehr nur sexuell geprägt ist, so heißt das keineswegs, daß wir nicht mehr in sexuellen Bildern und Symbolen träumen. Jeder Träumer und jede Träumerin träumt zumindest ab und zu von sexuellen Bildern, Situationen und Symbolen. Das ist ein Ausdruck von Lebendigkeit. Ein sexuelles Symbol deutet auf den Wunsch nach Synthese hin. Sexuelle Symbolik verweist im heutigen Traum oft auf eine Verbindung, die sich entweder auf die Partnerschaft oder auf die Verbindung mit nicht ausgelebten inneren Anteilen bezieht. Wir können die Sexualsymbolik in ihrer Doppelgesichtigkeit erleben: Nach außen gewandt bedeutet sie Lust und verweist auf unsere Beziehungswünsche, nach innen gewandt bedeutet sie Bewußtseinsentwicklung durch Verbindung mit dem nichtgelebten Anteil in uns.

Wenn man heute Freuds Arbeit betrachtet, sollte man nie vergessen, daß Freuds wirkliche Stärke in der praktischen Arbeit am Traum seiner Patienten und seinen eigenen Träumen lag und daß er nie dogmatisch von seiner Theorie her therapierte. Wenn Sie in Freuds »Traumdeutung« hineinschauen, sollten Sie die Fallbeispiele betrachten und studieren, wie Freud auf die entsprechenden Träume einging. Seine Theorie mag teilweise überholt sein, seine Praxis kann uns jedoch viele Hinweise für eine produktive Traumarbeit geben.

Sehr erhellend finde ich Freuds Begriff der freischwebenden Aufmerksamkeit, mit der man die Träume betrachten sollte. Es kommt nicht darauf an, auf bestimmte Ergebnisse und Ziele konzentriert zu sein, sondern in einem kontemplativen, intuitiven Zustand aufmerksam seinen Gefühlen bei der Betrachtung des Traumes zu folgen. Die freischwebende Aufmerksamkeit gibt eine Haltung wieder, die ich jedem Traumarbeiter nur empfehlen kann.

Eine seiner letzten Arbeiten betitelte Freud »Abriß der Psychoanalyse«. Johannes Fiebig hat darauf hingewiesen, daß Freud hierbei keine Freudsche Fehlleistung unterlief, sondern daß er wirklich u. a. »Abriß« im Sinne von »Destruktion« meinte. In diesem Aufsatz spricht Freud die Grenzen der Psychoanalyse an, nämlich die Einwirkung auf den Umgang mit der Geschlechtsrolle des Patienten. Die männliche Tendenz in der Frau und die weibliche im Mann sind – so Freud – der psychoanalytischen Kur wenig zugänglich. Freud ist 1938 sowohl äußerst modern als auch zugleich konservativ, wenn er das Ideal der Geschlechtsrollenidentität betont, aber zugleich bedauert, daß die Psychoanalyse vor dieser Problematik kapitulieren muß.

Die Psychoanalyse nach Freud ist nicht selten in den Fehler verfallen, hinter einer komplexen Fachsprache zu »vergessen«, daß es in der Traumbetrachtung um eine Arbeit an und mit den *Emotionen* des Träumers geht. So schrieb zum Beispiel Donald Melzer ein hervorragendes Buch, das die psychoanalytische Theorie und Technik der Traumarbeit überprüfen sollte. Obwohl das Buch flott geschrieben ist, mag der Laie sich fragen, wo denn das *Gefühl* in der Traumarbeit angesprochen wird. Daß die klassische wie die moderne Psychoanalyse eine Seelenkunst ist, die sich mit dem Gefühl beschäftigt, kann man erst verstehen, wenn man sich bei der psychoanalytischen Begrifflichkeit fragt, was sie für die Praxis der Traumbetrachtung bedeutet.

Wie fast alle Kritiker und Anhänger Freuds beschäftigt sich Melzer eingehend mit dem Freudschen Wunschbegriff. Wenn ein Psychoanalytiker vom Traum spricht, dann redet er immer von jenem im Unbewußten lauernden Wunsch, der die Traumbilder hervorbringt. In dieser zentralen Stellung des unterdrückten Wunsches liegt die Stärke der Freudschen Traumtheorie, da sie etwas derart schwer Faßbares und Komplexes wie den Wunsch in ihren Mittelpunkt stellt. Manche Bücher zur Traumarbeit versprechen dem Träumer bei der Anwendung ihrer Technik mindestens die Lösung aller seiner Probleme – wenn nicht noch mehr. Davon unterscheidet sich die psychoanalytische Traumbetrachtung in wohltuender Weise. Sie weiß, daß die Arbeit mit den Träumen Geduld und Ausdauer erfordert und daß es sich bei der Traumarbeit um ein beständiges Bemühen um die eigene innere Wahrheit handelt, die man nicht einfach durch eine Technik in den Schoß gelegt bekommt.

Die analytische Psychologie Jungs

Wie Freud liegt auch Jungs (1875–1961) Stärke in der Praxis seiner Traumarbeit, die von Intuition und Spontaneität geprägt ist. Gerade von Jung können wir lernen, kreativ und unkonventionell mit unseren Träumen umzugehen und in ihnen eine über uns hinausgehende Dimension zu erspüren. Dabei besteht allerdings eine Gefahr der Jungschen Traumtheorie darin, daß der/die Einzelne der Gegenüberstellung mit den eigenen Problemen im Traum entflieht, indem er oder sie die Träume sogleich auf der überpersönlichen Ebene betrachtet. Man sieht dann zum Beispiel alchemistische Symbole, Mythisches und Märchenhaftes statt sich selbst. Insofern kann man mit Jung in der Traumarbeit viel eher scheitern als mit Freud. Es ist ein Paradox, daß C. G. Jung die Betrachtung des Traumes für tiefere Seelenschichten als Freud öffnete und daß zugleich die unbedachte Anwendung seiner Archetypenlehre und seiner Beobachtungen zum kollektiven Unbewußten leicht von jeder Tiefe in der Betrachtung des eigenen Traumes fernhalten kann.

Jung betont die überpersönlichen Aspekte des Traumlebens und verweist das »aufgeblasene Ich« des Westlers in seine Grenzen. Freud dagegen wandte sich den persönlichen Aspekten des Traumlebens zu und läßt dem Ich des Westlers, das er stärken möchte, keinen Ausweg aus der Selbstbetroffenheit. Jung baut auf Freud auf, und wie Jung auf Freud gründet, so müssen auch in der eigenen Traumbetrachtung zunächst das persönliche Unbewußte betrachtet und dessen Spannungen erlebt werden, bevor man sich in die Weiten des kollektiven Unbewußten begibt. Wer zu früh auf die Archetypen in seinen Träumen schaut, der flüchtet vor der Auseinandersetzung mit jenen unbequemen persönlichen Informationen, die ihm einzig der Traum bieten kann.

In den letzten 15 Jahren wurde Jung auch in den USA sehr populär, und man pflegte ihn dort mit jener kalifornischen rosaroten Brille zu betrachten, die alles »easy« erscheinen läßt. Diese Tendenz finden wir besonders deutlich in den Büchern von Patricia Garfield ausgeprägt, die uns versprechen, daß nach deren Anlesen wir noch heute Nacht kreativ zu träumen beginnen und unser Leben dadurch sinnerfüllt und von Ängsten befreit wird. Ich möchte hier noch einmal ausdrücklich daran erinnern, daß schon C.G. Jung wie alle seine Nachfolgerinnen und die wenigen Nachfolger davon ausgehen, daß die Arbeit mit den Träumen ein langwieriges Unterfangen ist, bei dem man nicht einfach auf »Erleuchtung« hoffen kann, und daß die Traumarbeit eine Arbeit ist, bei der zuerst – meist nicht ohne Krisen des Träumers – die persönliche Ebene des Traumes genauestens betrachtet werden muß, ehe man zu der überpersönlichen Ebene fortschreiten kann.

Eine Einführung in die Traumarbeit moderner Jungscher Richtung bieten die beiden Bücher des Arztes und Psychotherapeuten Hans Dieckmann »Träume als Sprache der Seele« und »Umgang mit den Träumen«. Nach Dieckmann verhält sich der Traum zum Bewußtsein wie ein anderes Ich. Er vermag unser Bewußtsein zu ergänzen und zu korrigieren, und er bietet sich als Gesprächspartner an, der uns etwas Neues und Unbekanntes mitzuteilen hat. Dieckmann geht wie alle Jungianer davon aus, daß wir uns in der Mehrzahl unserer Träume in einer Welt bewegen, die sich nicht groß von unserer Alltagswelt unterscheidet. Wir mögen zwar unerwartete Erlebnisse haben, doch tun wir weitgehend das, was wir im normalen Leben zu tun pflegen: Wir gehen über die Straße, fahren Auto, treffen andere Menschen und erleben Gefühle, die uns bekannt sind. Ab und zu treten allerdings Träume auf, die wie ein surreales Gemälde gestaltet sind, in denen Märchenfiguren wie Hexen und Zauberer auftreten. Solche Träume behalten wir klarer und länger. Diese können sich bis zu visionsartigen Träumen steigern, die Offenbarungscharakter besitzen wie zum Beispiel der große Traum des Schweizer Nationalheiligen Nikolaus von der Flüe. Dieser träumte von einer überaus erschreckenden Lichterscheinung, in der deutlich ein Antlitz zu sehen war. Der Heilige erklärte, schon im Mutterleib den Traum von einem hellen Stern gehabt zu haben.

Diese Träume enthalten mythologisches Material, sie treten in besonderen Lebenssituationen wie Pubertät und midlife-crisis auf und verweisen über das Persönliche des Träumers hinaus. Bei solchen Träumen ist eine archetypische Betrachtung angemessen, wenn sie die persönlichen Belange des Träumers nicht aus den Augen verliert. Meiner Erfahrung nach sollte man diese großen Träume am besten mit Hilfe einer/s Psychologin/en betrachten.

Andere tiefenpsychologische Schulen

Alfred Adler, der sich wie Jung mit Freud zerstritt, und dessen Traumbetrachtung auf Friedrich Nietzsches Willen zur Macht aufbaut, gründete die Individualpsychologie. Das Machtstreben in der Form von Geltungsstreben führt zu inneren Spannungen, die sich im Traum niederschlagen. Aus einem Minderwertigkeitskomplex heraus kommt es in den Träumen zu Vorstellungen besonderer Leistungen, mit denen sich der Träumer über seine Unzulänglichkeiten hinwegsetzt. Diese Unzulänglichkeiten werden nach Alfred Adler nicht nur im Sinne der Ergänzung (komplementär) ausgeglichen, sondern das Unbewußte läßt den Traum dasjenige überbetonen, was man bei sich vermißt. Das kann jeder in seinen eigenen Träumen erleben, wenn er sich zum Beispiel körperlich schwach fühlt und sein Traum-Ich als bärenstarker Riese erscheint. Da wir in unserer Leistungsgesellschaft vielfach unter einem Minderwertigkeitskomplex leiden, der uns auf der anderen Seite zu Machtfantasien führt, bilden sich diese Machtfantasien auch im Traum ab.

Der Schweizer Psychologe L. Szondi begründete die Schicksalsanalyse, die den Traum zwar nach den Methoden von Freud und Jung betrachtet, jedoch in der Deutung der Traumbilder und besonders der Kommunikation mit den Traumpersonen immer auf den Lebenslauf des Träumers zurückgreift. Wenn man nach dieser Methode seine Träume über längere Zeit betrachtet und hierbei sein Augenmerk auf die Beziehungen seines Traum-Ichs zu anderen Traumpersonen richtet, werden einer/m bestimmte Verhaltensmuster deutlich, die nicht nur im eigenen Lebenslauf zu finden sind, sondern schon in der Familie des Träumers und seiner Ahnenreihe auftauchen.

Die Stärke dieses Ansatzes liegt für mich darin, daß er unseren Blick für die Parallelen der Verhaltensweisen des Traum-Ichs und derjenigen des Träumers in seiner Biographie und seiner Familie deutlich macht. Bei der Betrachtung der Träume sollte man sich fragen: Wie verhält sich die Traumsituation und das Verhalten des Traum-Ichs zu dem bisher gelebten Leben? Woher kennt der Träumer solche Verhaltens- und Kommunikationsweisen aus seiner Biographie und der seiner Familie? Jede Traumerfahrung muß zum Wachleben des Träumers in Beziehung gesetzt werden, da sonst ihre Energie wirkungslos wird. Der Blick auf die Familie und Ahnenreihe des Träumers ist insofern interessant, da wir uns häufig unbewußt für Verhaltensweisen entscheiden, die von unseren Vorfahren stammen, uns aber heute unglücklich machen.

Auch die an Heidegger und Husserl ausgerichtete mehr philosophische Daseinsanalyse hat sich dem Traum zugewandt. Im Traum zeigt sich nach ihr das »Gesamt der Bezüge zur Welt«. Das Problem für die individuelle Traumarbeit liegt jedoch bei diesem Ansatz darin, daß das »Gesamt der Bezüge zur Welt« schwer konkret faßbar ist. Natürlich können wir in unseren Träumen erkennen, wie wir der Welt entgegentreten, sei es durch unsere Biographie oder Ahnenreihe bestimmt, vom Minderwertigkeitskomplex getrieben oder von unseren Wünschen. An jedem Traum ist der *ganze* Mensch beteiligt: Körper, Geist und Seele träumen! Diese Erkenntnis allein aber bleibt zu abstrakt. Der positive Aspekt der Daseinsanalyse liegt in ihrer klaren Ablehnung jeder Begrifflichkeit, die den Traum vor allem zur Behandlung von Krankheiten verstehen will. Es ist aufbauend, wenn man bei der Betrachtung seiner Träume den Blick auch auf die gesunden Gegebenheiten richtet statt vorwiegend auf unsere Mängel.

Zum Schluß möchte ich noch auf die Jung-Senoi-Schule eingehen. Diese Schule versucht die Ansätze der analytischen Psychologie nach C.G. Jung mit denen der Senoi, einem Volk in Malaysia, das von dem Ethnologen Kilton Stewart untersucht worden ist, zu verbinden. Das gesamte soziale System dieser Senoi, einem überaus friedlichen Stamm, baut angeblich auf dem Traum auf. Man erzählt sich morgens seine Träume, löst aggressive Konflikte in Träumen und befleißigt sich teilweise wie im klassischen Griechenland der Trauminkubation. Als vor Jahren Ethnologen diesen Stamm wieder aufsuchten, um zu neuen Einsichten über die gesellschaftliche Rolle des Träumens zu kommen, war von dieser Traumkultur nichts mehr übrig geblieben. Man munkelte, ob nicht Kilton Stewart und seine Kollegen auf jenes »Traumvolk in Malaysia« ihre Hoffnungen und Wünsche projiziert haben, und der Traumforscher Domhoff meinte nach einem Besuch der Senoi, daß Kilton diese Traumkultur erfunden habe.

Die Jung-Senoi-Schule legt ihren Schwerpunkt auf die Erkenntnis von Wiederholungsstrukturen im Leben wie im Traum. Das führt zu einer für jeden Träumer notwendigen Verbindung zwischen dem Traum- und dem Wachleben. Diese Verbindung wird dadurch gekräftigt, daß am Ende jeden Traumverständnisses die Frage gestellt wird, was man mit den Traumbotschaften konkret in seinem Leben anfängt. Jeder bearbeitete Traum soll zu neuen Handlungsweisen führen – eine Ansicht, die ich jedem Traumarbeiter und jeder Traumarbeiterin sehr empfehlen kann.

Die naturwissenschaftliche Traumbetrachtung

Die naturwissenschaftliche und physiologische Traumbetrachtung hat wenig zur praktischen Traumdeutung beigetragen. Mit ihren Forschungsergebnissen kann der Laie und der Therapeut wenig oder gar nichts anfangen. Oftmals kommt es in diesem Bereich zu typischen Aussagen wie: Der Traum ist ein Phänomen unkontrollierter Neuronenentladungen des Gehirns. Diese Aussage zeigt deutlich, daß viele Forscher in diesem Bereich an einer inhaltlichen Betrachtung des Traumes nicht nur nicht interessiert sind, sondern sie als unwissenschaftlichen Romantizismus ablehnen.

Ein interessanter Ansatz aus diesem Bereich stammt von Jonathan Winson, einem Forscher, der nach einer neurologischen Basis des Unbewußten sucht. Übrigens meinte schon Freud, daß Zeiten kommen würden, in denen man die Psychoanalyse von der Nervenphysiologie her verstehen könne. Winson hat in dieser Hinsicht eine gewisse Vorarbeit geliefert, wenn es auch deutlich wird, daß jene von Freud visualisierten Zeiten noch in weiter Ferne liegen.

Den neuesten Trend für den zeitgemäßen Träumer stellt die Traummaschine dar, die wie die sogenannten mind-machines als »Abfallprodukt« der neueren Gehirnforschung im Fachhandel erhältlich ist. Die Traummaschine, »Dreamer« genannt, nimmt über eine Maske die Augenbewegungen des Träumers im Schlaf wahr und reagiert auf sie mit optischen Impulsen, die dem Träumer verdeutlichen, daß er nun träumt. Es gibt bei diesen Maschinen auch andere Programme, die schon während des Träumens die spätere Traumerinnerung vorbereiten. Das praktische Problem bei diesen Traummaschinen stellt die Maske dar, mit der es unbequem zu schlafen ist. Ich zumindest fand die Benutzung einer solchen Maske schlafstörend und nicht gerade traumanregend.

Aspekte der spirituellen Traumbetrachtung

Der deutsche Psychologe Günther Feyler prägte die Wendung, daß unsere Träume »Suchbilder der Seele« seien. Der Traum ist oft schon als eine Seelenwanderung verstanden worden, so daß manche unserer Vorfahren fest daran glaubten, daß im Traum die Seele ohne die Bürde des Körpers spazieren ginge. Bei psychischen Erkrankungen tritt oft die Angst des Kranken zu Tage, daß seine Seele am Ende seines Traumes nicht in den Körper zurückfinden könnte. Besonders die Gründerin der Theosophie, die Russin Helena Petrowna Blavatsky (1831–1891), beschäftigte sich mit solchen Überlegungen, was bei einigen Theosophen dazu führte, sich im Traum davor zu schützen, daß nicht eine fremde Seele in ihnen Einzug hält, wenn ihre eigene sich außerhalb des Körpers befindet.

Während des Traums befinden wir uns in einer anderen Wirklichkeit, und deswegen hat im Grunde jede Traumerfahrung einen spirituellen Aspekt, der noch dadurch verstärkt wird, daß Traum und Vision sehr nahe beieinanderliegen.

Wird im modernen christlichen Denken das Traumbild wieder als Sprache Gottes verehrt, so wird es auf der anderen Seite in Asien als eine Illusion verdammt. Der Buddhismus macht wie die Psychosynthese darauf aufmerksam, daß die Wirklichkeit keineswegs im Traumbild oder jedwedem Bild liegt, sondern in der direkten Wahrnehmung des Hier und Jetzt. Das Traumbild verstelle die Wahrnehmung der Realität und führe den Träumer in die Irre. Ziel sei es vielmehr, seine inneren Bilder aufzulösen.

Man kann allerdings einzig das auflösen, das man zuvor erkannt hat. Letztendlich liegt es im Weg der westlichen Traumarbeit begründet, daß man die Traumbilder deuten möchte, um deren positive Energien für die alltägliche Lebenspraxis nutzbar zu machen. Der Traum ist nur insofern wichtig, als er der Gestaltung des alltäglichen Lebens dient. Ein wichtiges Ziel der Traumarbeit liegt in der klareren Wahrnehmung der Träume und der Integration dieser Träume in unser alltägliches Leben. So kommen wir dazu, unsere Träume zu leben, statt sie im Unbewußten schlummern zu lassen. Verwirklichte Träume sind die schönsten Träume, wenn wir damit erreichen, daß Wunschträume sich erfüllen und Angstträume aufgelöst werden.

Das Traumbild als das zu sehen, was es ist, und nichts in das Traumbild hineinzudeuten, darum geht es der daseinspsychologischen Traumarbeit. Medard Boss, der zeitgenössische Vertreter dieser Richtung, stellt in seinem Buch »Es träumte mir vergangene Nacht...« in vielen Beispielen dar, wie man sich auf die Gesamtheit eines Traumbildes und Traumsymbols einläßt und dabei das Traumbild als das nimmt, was es ist, ohne es als Zeichen für etwas anderes zu betrachten. Der Traum wird als eine Realität genommen, an der es »nichts zu deuten« gibt.

Jegliche spirituell ausgerichtete Traumdeutung wendet sich vehement gegen die Überflutung der heutigen Welt mit den »instant Bilderwelten«, besonders von Fernsehen und Video. Die Gefahr der Überflutung durch diese Bilder der Medien liegt in der Enteignung der eigenen Bilderwelten. Daß diese Ansicht keineswegs übertrieben ist, zeigen Untersuchungen, die verdeutlichen, daß mit zunehmender Zeit, die vor dem Fernseher und dem Videogerät verbracht wird, die Fähigkeit, seine Träume zu erinnern, abnimmt. Außerdem wird man immer uninteressierter an den eigenen Träumen. Allerdings erscheint auch die umgekehrte These begründbar, der zufolge Radio, Film und Fernsehen nicht nur als unabdingbare Voraussetzungen einer *Weltkultur* dienen, sondern sich auch ausgesprochen anregend auf Fantasie und Traumerinnerung auswirken, vorausgesetzt die Dosierung stimmt.

Der dänische Psychotherapeut Jes Bertelsen versucht in seinem Buch »Traumarbeit und Meditation«, sich von der Chakren-Arbeit (Chakren sind Energiezentren des menschlichen Körpers) her dem Traum zu nähern. Sicherlich treffen sich die Chakren-Arbeit und die Traumarbeit in dem Punkt, daß es bei beiden um Energiebewegungen geht, die auf innerpsychische Spannungen zurückzuführen sind. Beim Traum bewegt sich die Energie in einer bilderschaffenden Weise, und bei der Chakren-Arbeit kann man diese Energiebewegungen sowohl körperlich erspüren als auch durch aufsteigende Bilder wahrnehmen. Wie die Chakren-Arbeit von der *Prana-Energie* als der allgemeinen und universellen Lebensenergie spricht, so pulsiert diese gleiche Energie, von Freud als *Libido* bezeichnet, durch unsere Traumbilder. Von daher bietet sich die Verbindung von Yoga-Techniken wie der Chakren-Arbeit und der Traumarbeit geradezu an.

Allerdings gelang es Jes Bertelsen in keiner Weise, Traumarbeit und Chakren-Arbeit zu verbinden. Seine konkreten Ausführungen zu diesem Thema halte ich weitgehend für willkürlich.

Yoga und andere spirituelle Körperübungssysteme mit der Traumarbeit zu kombinieren, wird fruchtbar, wenn der Körper in die Traumarbeit miteinbezogen und die Traumarbeit einem ganzheitlichen und somit spirituellem Anspruch gerecht wird. 1988 stellte ich in meinem Buch »Dreampower – Ein Handbuch für Träumer« die Verbindung zwischen Traumarbeit und Yoga in einem Kapitel dar und habe seitdem festgestellt, daß gerade diese – weitgehend unberücksichtigte – Seite der Traumarbeit sehr ergiebig ist. Der Weg der langsamen und konzentrierten Körperbewegung, der Traumbilder freisetzt, kann zu einer Art Traumarbeit ohne sprachlichen Ausdruck führen. In diesem Bereich der Synthese zwischen Körper- und Traumarbeit sehe ich neue Wege und Chancen der Traumbetrachtung und Traumdeutung.

In ungewöhnlicher Weise versucht auch die amerikanische Autorin Patricia Garfield in ihrem zweiten Buch »Der Weg des Traum-Mandala« östliche Meditations- und Visualisierungstechniken, Chakren- und Traumarbeit zu verbinden. Für Garfield stellt das Verbindungsglied zwischen diesen Techniken das bewußte Träumen dar.

Für alle spirituellen Schulen der Traumdeutung spielt die Dialogtechnik bei der Traumbetrachtung eine große Rolle. Wenn der Traum als

Erfahrung der »Unmittelbarkeit zu Gott« angesehen wird, so ist der Dialog mit den Traumelementen als eine Unterhaltung mit »Gott« anzusehen, die ähnliche Qualitäten wie ein *Gebet* besitzt. Besonders betont wird diese intime Unterhaltung in der jüdischen Weisheitslehre der chassidischen Tradition, die sagt, daß das Göttliche in jedem Traumbild durchscheint. Der jüdische Philosoph Martin Buber und der Maler Marc Chagall haben diesen Dialog mit Gott aus chassidischer Sicht zum Hauptthema ihres Werkes erhoben. 1987 wurde in deutscher Sprache das vierbändige Werk »Traumleben« von Friedrich Weinreb verlegt, das eines der letzten großen Traumbücher dieser jüdischen Tradition darstellt.

Literaturangaben
zu diesem Kapitel

1. Ägypten und Assyrien

VOLLMAR, Klausbernd: Dreampower. Ein Handbuch für Träumer. (Simon & Leutner) Berlin 1988, S. 58–60

KING, Leonard W.: A History of Babylon And Assyria. (Chatto & Windus) London 1915

JUNG, C.G.: Seminare. Kinderträume. (Walter Vlg.) Olten, Freiburg 1987, S. 589 ff.

2. Griechenland

PAPADAKIS, Theodore: Epidauros. The Sanctuary of Asclepios. Athen 1971 (dtsch. Ausgabe Zürich 1978, bebildert)

3. Rom

BÜCHSENSCHÜTZ, B.: Traum und Traumdeutung im Altertum. Wiesbaden 1967

4. Jüdisch-christliche Tradition

DER TALMUD. Übersetzt und erklärt von Reinhold Mayer. (Goldmann Vlg.) München [5]1991

5. Das Zeitalter der Romantik

CARUS, C.G.: Symbolik der menschlichen Gestalt. Berlin 1853

HEHLMANN, Wilhelm: Geschichte der Psychologie. (Kröner Vlg.) Stuttgart 1963, S. 121 ff.

6. Mesmer, Charcot – die Vorläufer Freuds

DARNTON, Robert: Der Mesmerismus und das Ende der Aufklärung in Frankreich. (C. Hanser Vlg.) München, Wien 1983 und THUILLIER, Jean: Die Entdeckung des Lebensfeuers. Franz Anton Mesmer. Eine Biographie. (P. Zsolany) Wien 1990 und den geistreichen Roman SLOTERDIJK, Peter: Der Zauberbaum. Die Entstehung der Psychoanalyse im Jahre 1785. Ein epischer Versuch zur Philosophie der Psychologie. (Suhrkamp Vlg.) Frankfurt/Main 1987

7a. Freud und die Psychoanalyse

FREUD, Sigmund: Die Traumdeutung. In: Freud Studienausgabe Bd. II. (Fischer Vlg.) Frankfurt/Main [3]1972. Dieses Grundlagenwerk Freuds und der Traumdeutung ist auch als Taschenbuch-Ausgabe im Fischer-Verlag erhältlich.

MELZER, Donald: Traumleben. (Verlag für Internationale Psychoanalyse) München, Wien 1988

b. C.G. Jung und Nachfolger

Wer sich mit Jungscher Traumdeutung genauer auseinandersetzen möchte, dem seien zunächst Band 4 und Band 8 der Gesamtausgabe, außerdem zwei sehr hilfreiche Lexika genannt:

1. als Taschenbuch-Lexikon, das in leicht verständlichen Eintragungen die Jungschen Grundbegriffe verdeutlicht:

SAMUELS, Andrew; SHORTER, Bani; PLAUT, Fred: Wörterbuch Jungscher Psychologie. (dtv 15088) München 1991 (Aus dem Englischen lautet der Titel übersetzt: »Kritisches Wörterbuch der Jungschen Analyse«. Das Buch stellt Jung angenehm objektiv dar.)

2. HARK, Helmut (Hrsg.): Lexikon Jungscher Grundbegriffe. Mit Originaltexten von C. G. Jung. (Walter Vlg.) Olten, Freiburg 1988. Dieses von einem Theologen herausgegebene Buch stellt sozusagen eine Auslegung (Exegese) der Zentralbegriffe des Jungschen Werks dar. Hier werden auch immer zu den Eintragungen unter einem Begriff teilweise relativ lange Passagen aus Jungs Gesamtwerk und seinen Briefen mit sehr übersichtlichen Quellenangaben zitiert. Im sechsten Band der Gesammelten Werke von Jung (Walter Vlg., Olten Freiburg [14]1981) finden wir im 11. Kapitel (S. 444–529) sehr ausführliche Definitionen von Jung selbst zu seinen Grundbegriffen, allerdings ist Jung über sein Gesamtwerk hin nicht genau bei diesen Definitionen geblieben.

AEPPLI, Ernst: Der Traum und seine Deutung. (Knaur Vlg.) München 1987

DIECKMANN, Hans: Träume als Sprache der Seele. (Kreuz Vlg.) Stuttgart 1972

DIECKMANN, Hans: Umgang mit Träumen. (Kreuz Vlg.) [2]1982 (beide Bücher von Dieckmann halte ich für empfehlenswerte Einführungen in die Jungsche Traumarbeit)

FRANZ, Marie-Louise: Traum und Tod, München 1984

FRANZ, Marie-Louise: Träume. (Daimon Vlg.) Zürich 1985

JAFFE, Aniela (JUNG, C. G.): Erinnerungen, Träume, Gedanken von C. G. Jung. (Sonderausgabe Walter Vlg.) Olten, Freiburg [2]1984 (Wer von Jung selbst etwas lesen möchte, der sollte mit diesem Werk beginnen, das so gut wie kein anderes in Jungs Umgang mit den Träumen einführt.)

JUNG, Carl Gustav (Hrsg.): Der Mensch und seine Symbole. (Sonderausgabe Walter Vlg.) Olten, Freiburg [4]1980 (Eine reich bebilderte Ausgabe mit ausgesprochen differenzierten Aufsätzen)

ZURFLUH, Werner: Quellen der Nacht. (Ansata Vlg.) Interlaken 1983

c. andere tiefenpsychologische Schulen

BATTAGAY, R.; TRENKEL, A. (Hrsg.): Der Traum aus der Sicht verschiedener psychotherapeutischer Schulen. (Huber Vlg.) Bern, Stuttgart [2]1987. (Dieser Aufsatzband gibt unter anderem einen ausgesprochen guten Überblick über die Individualpsychologie Alfred Adlers, die Daseinsanalyse nach Medard Boss und die Schicksalsanalyse nach L. Szondi, oft Richtungen, über die man sich schwer anderswo informieren kann.)

RATTNER, Josef: Klassiker der Tiefenpsychologie. (Psychologie Verlags Union) München 1990

VOLLMAR, Klausbernd: Dream-Power, a. a. O.

WILLIAMS, Strephon K.: Durch Traumarbeit zum eigenen Selbst. Die Jung-Senoi-Methode. (Ansata Vlg.) Interlaken 1984.

8. naturwissenschaftliche Traumbetrachtung

PSYCHOLOGIE HEUTE REDAKTION (Hrsg.): Thema: Träume. Die Werkstatt der Seele. (Beltz Vlg.) Weinheim, Basel 1988 (Zur klassisch psychologischen [experimentellen] Traumforschung)

WINSON, Jonathan: Auf dem Boden der Träume. (Beltz Vlg.) Weinheim, Basel 1986

9. Aspekte der spirituellen Traumbetrachtung

BERTELSEN, Jes: Traumarbeit und Meditation. (Kösel Vlg.) München 1988

GARFIELD, Patricia: Der Weg des Traum-Mandala. (Ansata) Interlaken 1981

WEINREB, Friedrich: Traumleben. 4 Bde. (Goldmann Tb) München 1987

Zu den hier erwähnten Chakren (Energiezentren des Körpers):

VOLLMAR, Klausbernd: Fahrplan durch die Chakren. (rororo 8513) Reinbek ^{3}1992

VOLLMAR, Klausbernd: Chakren. (Gräfe & Unzer Vlg.) München ^{3}1992

10. Sonstige Empfehlungen

DUERR, Hans-Peter: Traumzeit. Über die Grenze zwischen Wildnis und Zivilisation. Frankfurt a. M. 1978

FROMM, Erich: Märchen, Mythen, Träume. Eine Einführung in das Verständnis einer vergessenen Sprache. (rororo Tb) Reinbek 1981

JACOBI, Jolande: Die Psychologie von C.G. Jung. (Walter Verlag) Olten 1971, (ohne Abb. als Fischer Tb) Frankfurt a.M. 1978

JANUS, Ludwig: Die Psychoanalyse der vorgeburtlichen Lebenszeit und der Geburt. (Centaurus-Vlg.) ^{2}1990

MARCUSE, Ludwig: Sigmund Freud. Das Geheimnis Mensch.(Diogenes Verlag) Zürich 1972, (Heyne Tb) München 1982

SCHEIDT, Jürgen v.: Das große Buch der Träume. (Heyne Tb) München 1986

WEHR, Gerhard: Tiefenpsychologie und Christentum – C. G. Jung –. (Pattloch Vlg.) Augsburg 1990

WOOD, Barbara: Traumzeit (Roman). (Krüger Vlg.) Frankfurt a. M. 1991

Der Stoff, aus dem die Träume sind
Typische Traum-Motive und ihre Bedeutung

Bei aller Vielfalt ihrer Inhalte weisen Träume bestimmte *typische Motive* auf, die weit verbreitet und häufig zu beobachten sind. Auf solche typischen Motive haben bereits Freud und Jung hingewiesen, und die heutige psychologische Praxis bestätigt deren Vorhandensein ebenfalls.

Typische Motive sind unter anderem: Fallen, fliegen, von gefährlichen Tieren oder Menschen verfolgt werden, unzulänglich oder absurd bekleidet oder gar nackt sich an öffentlichen Plätzen zeigen, sich in einer unmöglichen Situation befinden, Prüfungsträume, einen Zug oder einen Termin nicht erreichen. Diese und andere typischen Traum-Motive sollen in diesem Kapitel mit ihrer Bedeutung vorgestellt werden. Dabei wird sich zeigen, auf welche Weise diese Traumbilder bestimmte Warnungen, aber auch wichtige Ermutigungen mitzuteilen haben.

Fallen und fliegen

Zu diesem Motiv zählen u.a. auch folgende Traumbilder: Flugzeuge, Luftballons und andere Fluggeräte oder Flugobjekte, Vögel, Engel, Flügel, manchmal auch besonders hohe oder besonders tiefe Örtlichkeiten, Rausch-, Schwebe- und Schwindelzustände, Fahrten, Bewegungen oder Ereignisse von besonders großer Geschwindigkeit.

Traum 1: Eine Studentin träumt: »*Ich steige eine Leiter empor, es ist eine Rolltreppe inmitten von Himmel und Wolken. Ich genieße die Aussicht und das Gefühl, emporgefahren zu werden. Doch auf einmal bin ich am oberen Rande der Rolltreppe angelangt, da gibt's keinen Platz stehenzubleiben. Wie ein Förderband bewegen sich die Treppenstufen weiter, d.h. wieder nach unten zurück. Unvermeidlich fange ich an zu fallen. Ich falle durch die Wolken. Mit einem unangenehmen Gefühl werde ich wach.*«

Traum 2: Dieselbe Frau, Jahre später, inzwischen Ärztin: »*Während der Gesang eines großen Chores zu hören ist, sehe ich einen großen Adler oder Rochen – und ich weiß im Traum, daß ich dieser Adler oder Rochen bin –, der wie in Zeitlupe mit majestätischen Flügelschlägen auf ein Kirchenportal zufliegt.*«

Traum 3: Ein Mann, Anfang 40: »*Ich bin mit meinen Brüdern in dem Schwimmbad, das wir in unserer Kindheit oft besuchten. Ich sehe den Sprungturm und sehe mich durch die Luft fliegen…*« *Auf Befragen nach seinem Empfinden: Angenehme, prickelnde Gefühle von Abenteuer; Wunsch nach Fortdauer.*

Traum 4: Ein Junge, 6 Jahre alt, erzählt mit Freude und sichtbarer Heiterkeit: »*Ich bin heute Nacht bei K. vom Balkon gesprungen…*«

Traum 5: Ein Mann, Anfang 30, »Büromensch und Schreibtischtäter«, wie er sich selbst beschreibt: »*Zweimal habe ich diese Woche davon geträumt, ich sei Pilot. Ich saß im Cockpit, kontrollierte die Armaturen und sah einen herrlichen Horizont weit vor mit. Jedesmal hatte ich im Traum das Gefühl, wie selbstverständlich dorthin zu gehören, so als sei dies mein eigentlicher Beruf.*«

Während Flugträume von angenehmen und lustvollen Gefühlen begleitet sind, bringen Fallträume häufiger Angstempfindungen zum Ausdruck. Beides – Lust und Angst – tritt nicht selten auch gemeinsam auf; dafür ist der TRAUM 1 nur ein Beispiel. Wie in den TRÄUMEN 3 UND 4 vermag aber ein Fallen, das sich an einen Sprung anschließt, ausgesprochen heitere Gefühle zu vermitteln.

Die sexuelle Bedeutung dieser Träume ist mehr oder weniger offensichtlich.

Für Freud wiederholten Flug- und Fallträume vor allem Erinnerungen an Kindheitsspiele.

Für Jung stand alles Luftige und Fliegende in Beziehung zum Geistigen. Oft betonte er dabei die Gefahr, geistig »abzuheben«, gelegentlich auch die Ermunterung zu größeren geistigen Anstrengungen.

Das Treppensteigen (TRAUM 1) gilt seit Freud's »Traumdeutung« als klassische Darstellung einer Orgasmuskurve mit ihrer steigenden, dann wieder fallenden Spannung und Erregung. Der Balkon (TRAUM 4) symbolisiert nach Freud den weiblichen Busen; und so mag der Junge mit 6 Jahren eine besondere Heiterkeit auch deshalb empfunden haben, weil der Traum ihm zeigte, daß ihm der »Absprung« von der Mutterbrust gelungen ist oder gelingt (ein Empfinden, das – soweit es von heimlichen Ängsten begleitet ist – durch die Erfahrung am folgenden Morgen, daß die Mutter dennoch weiter für ihn da ist, beruhigt und bestärkt wird). Die Lust am Springen und Fallen, wie sie sich auch im TRAUM 3 ausdrückt, steht möglicherweise für die Wiederholung (oder den Wunsch nach Wiederholung) einer solchen befreienden Kindheitserfahrung. Allerdings ist am Sprungturm das Sprungbrett sowohl im Sinne eines Balkons und »Vorbaus« als weiblich-mütterliches Symbol zu verstehen, wie auch der Turm als Phallussymbol eine männlich-väterliche Bedeutung vertritt. Die Lösung von den Eltern ist im allgemeinen als maßgeblicher Hintergrund für Lust- oder Angstempfindungen bei den Flug- und Fallträumen zu verstehen.

Die Studentin, die den TRAUM 1 hatte (Rolltreppe in die Höhen des Himmels, mit anschließendem freien Fall), berichtete zunächst von dem unangenehmen Gefühl, daß sie im Traum beim Fallen begleitet und das auch nach dem Aufwachen fortbestanden hatte. Sie erinnerte einen Zeichentrickfilm (»Tom & Jerry«), in dem sie ein ähnliches Geschehnis wie in ihrem Traum einmal gesehen hatte. Die Erkundigung nach den Umständen des Filmbesuchs ergab keine weiteren Aufschlüsse. Dagegen äußerte sie die Enttäuschung darüber, daß die Rolltreppe in den Himmel sich nicht in größere Höhen fortgesetzt habe. »Der Höhepunkt war noch gar nicht erreicht«, bemerkte sie und fügte erst verlegen, dann lachend hinzu: »Meinen Höhepunkt in der Sexualität erreiche ich doch eigentlich…, aber ich habe oft das Bedürfnis, *mehr* zu erleben und mehr zu erreichen.« – »Wie wäre es«, erwiderte ich, »wenn auch dieses Mehr schon im Traum enthalten wäre?!« – Fragendes Achselzucken als Antwort. – »Das Fallen im Traum zeigt Ihnen, wie es jetzt weitergeht und wie Sie mehr erreichen.« – »Und wenn das Fallen eine Falle ist?«, brachte sie mit Skepsis und Neugier hervor.

Einige Jahre später träumte sie den unter NR. 2 wiedergegebenen Traum. Er hatte einen besonderen Eindruck hinterlassen. Sie besuchte mich wieder, erzählte von diesem Traum und kam von sich aus auf den früheren »Tom & Jerry«-Traum zu sprechen. Dieser frühere Traum, den sie anfangs mit unangenehmen Gefühlen und Skepsis verband, habe ihr gezeigt, daß sie mehr riskieren und »alles geben« solle. Er sei für sie zum Wegweiser geworden, als sie das Studium abschloß und ihre Facharzt-Ausbildung aufnahm. Und auch in ihren privaten Beziehungen und ihren sexuellen Erfahrungen habe sie (noch) mehr Glück gefunden, seit ihr das Fallen »geistig und seelisch vertraut« geworden sei.

Der Traum 2 (Adler/Rochen fliegt wie in Zeitlupe auf Kirchenportal zu) wirkte tatsächlich wie eine Antwort, wie eine Lösung für die Fragen, die sich in der Deutung des Traum 1 aufgetan hatten. Eine starke sexuelle und Lebenskraft drückt sich im Motiv des Fliegens wie auch des majestätischen »Adler oder Rochen« aus. Wie ein Adler hatte sie gleichsam die gewünschte (Lebens-) Höhe erreicht, während der Rochen gleichzeitig die Wasserwelt der Gefühle und ihre Tiefen mitbeinhaltete.

Was bedeuten dabei Kirchenportal und Chorgesang? Nach psychoanalytischer Auffassung symbolisiert die Kirche im Traum Fraulichkeit und Weiblichkeit. *Das Portal zur Kirche zeigt so den Zugang der Träumerin zu sich selbst.* Damit ist der Zugang zum eigenen Geschlecht ebenso gemeint, wie der Eingang in ein »Heiligtum« in der Weise, daß die Träumerin den Weg zu ihren eigenen Werten findet, zu dem, was ihr lieb und »heilig« ist. Das Kirchenportal bezeichnet somit den Zugang, den Eintritt, den Übergang zu Sinn und Sinnen (Sinnlichkeit und Sinnhaftigkeit) für das persönliche Leben. – Im Gespräch über den Traum fiel ihr der Liedvers ein: »Deiner Sehnsucht wachsen Flügel, wenn sie wieder ein Ziel hat...« Eine machtvolle Sehnsucht drückte auch das Symbol »Gesang eines großen Chores« in ihrem Traum (Nr. 2) aus. Alle Seiten ihrer Seele stimmten gleichsam in dieses Fliegen, in die Suche nach dem »Kirchenportal« mit ein. – Der Traum machte damit deutlich: Sie hatte den Wunsch, ihren eigenen Sinn und ihre eigene Sinnlichkeit zu finden. Dies zu verwirklichen, lag in der Praxis noch vor ihr. Doch der Traum hatte ihr ein klares Bild ihres Weges und ihres Zieles gezeigt. Sie war, auch das bedeutete der Traum 2 im Vergleich zu Traum 1, *flügge* geworden und verfolgte nun ihren eigenen Kurs zwischen Himmel und Erde. *Aus dem Fallen war ein Fliegen geworden.*

Das Motiv, fliegen zu können, spielt nicht nur eine Rolle in den Träumen einzelner; es war und ist auch ein *Menschheitstraum* (vgl. dazu S. 115 f.). Wo vor hundert Jahren eher Beobachtungen des tatsächlichen Verhaltens der Vögel oder Vorstellungen von Engeln das Material lieferten, dessen sich die Träume bedienten, sind es heute eher eigene Erfahrungen aus dem Flugtourismus und Bilder vom Fliegen aus dem Fernsehen und anderen Medien, die unsere Träume bevölkern. So auch im Traum 5, worin ein Mann sich »wie selbstverständlich« als Pilot sieht.

Die sexuelle Bedeutung, die stets mitschwingt, wenn von »Vögeln und Fliegen« die Rede ist, wird in seinem Traumbericht noch dadurch unterstrichen, daß ausdrücklich vom »Cockpit« (deutsch u. a. »Hahnengrube«, »Schwanzspitze«) die Rede ist. Daneben kann der Traum die Sehnsucht ausdrücken, abzuheben, Grenzen zu überfliegen und, wie der Träumer erwähnte, »herrliche Horizonte« zu entdecken. Ebenso mag er eine Flucht vor unangenehmen Aufgaben oder Schwierigkeiten verdeutlichen. *Mit dem Reich der Lüfte ist symbolisch, wie C.G. Jung bereits bemerkte, immer auch die Welt des Geistes gemeint.* In *diesem* Reich zum Piloten, zum »Flugkapitän« zu werden, bedeutet, in geistigen Dingen sich unabhängig und selbständig orientieren und entscheiden zu können. – Das Gespräch mit dem Träumer von TRAUM 5 zeigte, daß diese verschiedenen Aspekte *gleichzeitig* für ihn von praktischer Bedeutung waren. Er suchte sexuell »neue Horizonte« und eine Bestärkung seiner Männlichkeit, sah sich dazu im Alltag sowohl ermuntert wie auch in der Gefahr, sich selbst zu verlieren. Doch als sein persönlicher Kristallisationspunkt in dieser Traumdeutung stellte sich für ihn sein Beruf heraus. Er hatte sich mit den Worten »Büromensch und Schreibtischtäter« vorgestellt und den Traum mit den Worten beendet: »So als sei dies mein eigentlicher Beruf«. Der hier mitgeteilte und andere Träume veranlaßten ihn, seinen Beruf zu wechseln: Vom Sachbearbeiter wurde er zum Reiseunternehmer.

Verfolgen und verfolgt werden

Zu diesem Traum-Motiv gehören unter anderem auch folgende Traumbilder: Doppelgänger, Schatten, Bruder, Schwester und andere Verwandte oder ständige Begleiter/innen; Verfolgungsfahrten, Wettlauf mit Personen, Tieren, Dingen, Ereignissen oder der Zeit (Wettlauf mit der Uhr); weg- oder nachlaufen, hinterherhinken, ein Ziel verfolgen, eine Vorschrift befolgen, von einem Gedanken oder einer Erinnerung verfolgt werden u. a. m.

Die Träume, in denen dieses Motiv eine Rolle spielt, zerfallen in zwei große Gruppen: Oft sind Verfolgungträume von Empfindungen großer Angst oder *seelischer Not* begleitet. Genauso oft drücken Träume mit dem scheinbar gleichen Motiv auch eine eigentümliche *Spannung*, einen Nervenkitzel aus, wie wir ihn z. B. von Krimis kennen. Diese Gruppe von Verfolgungsträumen ist nicht selten von einem Lustgefühl des *Jagens und Gejagtwerdens* begleitet.

In der Deutung ist vor allem darauf zu achten, wer hier wen verfolgt und wen oder was Verfolger sowie Verfolgter symbolisieren. Diese Fragen haben Freud besonders interessiert; und er hat u.a. gefunden, daß mit wilden Tieren in der Regel »leidenschaftliche Triebe« und mit »bösen Tieren, Hunden, wilden Pferden« besonders ein »gefürchteter Vater« – auch – in Verfolgungsträumen auftreten.

Jungs Augenmerk richtete sich demgegenüber mehr darauf, daß sich in Verfolgungsträumen ein Teil des (eigenen) *Schattens* bemerkbar macht. Verfolgter und Verfolger sind in dieser Betrachtung wie Doppelgänger, der eine das »alter ego« des anderen, sein »zweites Ich«. Wenn wir im Traum von einem Tier, von einem Unhold oder einer Unholdin verfolgt werden, kann dies eine unbewußte Seite der eigenen Persönlichkeit sein; wir laufen uns quasi selber nach.

Dabei ist es wichtig zu wissen, daß die Haupteigenschaft des Schattens zunächst seine Unsichtbarkeit, seine Unmerklichkeit ist. Wenn uns sonst unbemerkte Schattenseiten nun im Traum in Gestalt einer Verfolgung deutlich werden, so liegt allein darin schon ein großer Gewinn, der auch dann wertvoll bleibt, wenn diese Träume zunächst mit Ängsten verbunden sind.

Alle Figuren, die in einem Traum erscheinen, können für fremde Personen stehen, aber auch für Seiten der eigenen Person. Von daher ergänzen sich die beiden Betrachtungsweisen von Freud und Jung. Oft stellen Verfolgungsträume auch eine Umkehrung jener Träume dar, in welchen wir nicht von der Stelle kommen oder ein Ziel zu spät oder gar nicht erreichen; dazu mehr weiter unten. Schließlich ist noch zu beachten, daß eine Verfolgung im Traum ganz unspektakulär in Erscheinung treten kann, einfach dadurch, daß sich ein bestimmtes Motiv in den persönlichen Träumen wieder- und wiederholt. Auch wenn es sich um eine scheinbar harmlose Geschichte handelt, so deutet eine häufige Wiederholung darauf hin, daß ein bestimmtes Thema uns verfolgt oder wir ihm auf den Fersen sind.

Traum 6: Ein Geschäftsmann, Mitte 50: »*Da ist ein Traum, der in vielen Varianten häufig wiederkehrt: Ein junger Mann verfolgt mich, in größerem oder kleinerem Abstand, auf der Straße, in einer Stadt mit vielen Leuten oder durch ein Warenhaus, letztens sogar durch einen U-Bahn-Keller. Ich kann den jungen Mann im Traum nicht genau identifizieren und weiß weder im Traum noch im Wachwerden danach, was er von mir will. Dennoch sind diese Träume für mich sehr unangenehm, und ich denke nur mit Widerwillen daran.*«

Traum 7: Eine junge Hausfrau und Mutter: »*Es fing an mit Träumen, in denen ich mich ständig und ohne bestimmten Grund gehetzt fühlte. Diese Träume haben mich beunruhigt. Aber seit einem Jahr habe ich Träume, von denen ich mich regelrecht verfolgt fühle. Jedesmal bin ich mit meinem Kind, das in seinem Kinderwagen sitzt, unterwegs und komme dabei in schlimme Situationen. Einmal fing der Kinderwagen von selber an zu fahren, zog mich schleudernd hinter sich her und ich hatte im Traum Angst, in einen Abgrund zu stürzen oder auf eine vielbefahrene Straße gezogen zu werden. Einmal zog mich der Kinderwagen in Versammlungen, einmal auch in Geschäfte, und jedesmal war plötzlich ein Kreis von Menschen vorhanden, die entweder drohend auf mich zugingen oder auf mich einschlugen, während mein Kind dabei lachte.*«

Beide Träume – 6 und 7 – werden hier vorgestellt, weil in beiden Fällen die Kindheit oder Jugend für Verfolgung oder Drohung im Traum sorgte. Allerdings erwiesen sich die praktischen Konsequenzen der Traumdeutung dabei als höchst unterschiedlich.

TRAUM 6: Erst der Hinweis im Gespräch über diese Träume, daß es möglicherweise die eigene Jugend ist, die ihm hinterherläuft und ihn verfolgt, machte den Mann stutzig. Er beschäftigte sich mit seinen Träumen, aber auch mit Erinnerungen an seine Jugendzeit. Die aktive Traumdeutung blieb nicht ohne Wirkung: Eines Nachts war es soweit, der Traum zeigte eine der inzwischen schon gewohnten Verfolgungsszenen, aber diesmal war der Verfolger schneller und holte das »Traum-Ich« ein. Der Verfolger schlug dem Fliehenden auf die Schulter, und während der Träumer dabei im Traum fürchterlich erschrak, erlebte er gleichzeitig noch im selben Traum eine kollossale Erleichterung. Verfolger und Verfolgte fielen sich gegenseitig in die Arme, umarmten sich, sprachen miteinander und gingen ein Stück Wegs gemeinsam. Seit dieser Begegnung im Traum haben für den Betroffenen die Verfolgungsträume, die sich vorher über Jahre wiederholt hatten, aufgehört. »In meiner Jugend habe ich viel entbehrt und mich oft sehr unglücklich gefühlt«, berichtete der Mann, »durch meine Träume habe ich es verstanden, mich mit meiner Jugendzeit auszusöhnen und vor den unerquicklichen Zeiten meines Lebens nicht mehr zu fliehen«. – Ganz anders dagegen das Ergebnis bei

TRAUM 7: Nachdem ihr Kind im Kinderwagen sie schon mehrfach in gefährliche Traum-Situationen gebracht hatte, erlebte die junge Frau regelrechte Alpträume, worin sich das Kind bis zu einer Größe aufblähte, größer als die eines Erwachsenen, und auf die Mutter losging, ihr

Augen, Mund und Nase zudrückte. Nachdem sich diese Träume über eine gewisse Zeit wiederholten und zugleich dramatisierten, träumte die Frau eines Nachts davon, wie sie dieses Kind umbrachte; sie fühlte sich im Traum unmittelbar erleichtert, und die vorherige Traumserie setzte sich nicht weiter fort. Dennoch fühlte sie sich befangen und schuldig. »Ich habe doch keine Mordabsichten gegen mein eigenes Kind«, schwor sie unter Tränen. Wie die folgenden Beratungen zeigten, war dieser Verdacht gegen sich selbst zwar unbegründet. Aber aggressive Verhaltenszüge waren ihr nicht fremd – nämlich Aggressionen gegen sich selbst, was sich insbesondere herausstellte, als sie eines Tags zum vereinbarten Termin mit einer nicht unerheblichen Verletzung erschien, die sie sich »unabsichtlich« selbst beigebracht hatte. Diese offensichtliche Verletzung war in dem Fall eine wichtige Spur zur Aufklärung ihrer langen Traumserie: Obwohl das Kind im Traum ihrem leiblichen Kinde ähnlich gesehen hatte, hatte der Traum die Figur dieses Kindes gleichsam wie eine Schauspielerin benutzt, um der Träumenden *ihr inneres Kind* vor Augen zu führen. Sie hatte mit ihrer eigenen Kindheit nicht nur nicht abgeschlossen, sondern da gab es tatsächlich kindische Gewohnheiten, mit denen sich diese Frau in ihrem Alltagsleben in bedrohliche und unmögliche Situationen brachte, so wie es der Traum auf eine drastische, aber kennzeichnende Art dargestellt hatte. Erst der Bruch mit diesen Seiten der Kindheit, insbesondere mit der eigenen Weigerung, selber erwachsen zu werden, brachte der Betroffenen ihr seelisches Gleichgewicht wieder. Dieser Prozeß dauerte zwei Jahre, wobei der Moment, als ihr leibliches Kind in die Schule kam und sie selbst eine Berufstätigkeit wieder aufnahm, die Wandlung beschleunigte.

Während in TRAUM 6 Ausgleich und Versöhnung zur Aufhebung der Verfolgungsträume geführt hatten, waren es in TRAUM 7 endgültige Trennung und Beendigung einer Lebensphase, die zur Erledigung der Verfolgungsträume führten. (Zu dem hiermit schon angesprochenen Motiv von »Mord und Totschlag« im Traum, vgl. weiter unten.)

Nicht vorankommen und zu spät kommen

Zu diesem Motiv können auch diese Traumbilder zählen: Fesselung, Lähmung, Gefangenschaft, Behinderung, Hindernisse jeder Art u. a. m.

Traum 8: Ein Lehrer, Anfang 40: *»Mit meinem Wagen stehe ich auf einer Straße. Der Wagen rührt sich nicht vom Fleck. Ich bin darüber verwundert.«*

Traum 9: Eine Verkäuferin, ebenfalls Anfang 40: *»Ich stecke in einem Betonfeld fest. Da merke ich, daß nur meine Stiefel feststecken, während ich meine Füße noch bewegen und herausziehen kann.«*

Traum 10: Ein Verlagsangestellter, 28 Jahre: *»Ich laufe unheimlich viele Treppen hinab. Schließlich komme ich auf einen Bahnsteig und sehe einen Zug, der gerade beginnt, abzufahren. Ich bin enttäuscht.«*

Traum 11: Ein anderer Lehrer, Mitte 30: *»Heute nacht hatte ich einen Traum, der mich schockte: Ich will zum Bahnhof gehen und verreisen, da ist der Bahnhof nicht mehr da.«*

Sich nicht bewegen oder, wie im TRAUM 8, sich nicht fortbewegen zu können; laufen, ohne von der Stelle zu kommen, oder, wie im TRAUM 9, irgendwo festzukleben und festzuhängen, – diese Motive stellen Gegensatz oder Ergänzung zu den Verfolgungsträumen dar. Theoretisch können sie sowohl den Wunsch nach mehr Bewegung und Dynamik (im seelischen Erleben) zum Ausdruck bringen wie auch danach, im gewohnten »Lauf« der Dinge innezuhalten (Wunsch – oder Abwehr).

Zu seinem Traum (NR. 8) fiel dem betreffenden Träumer zunächst seine Verwunderung auf. Er brachte diese damit in Verbindung, daß er gar nicht verstehen konnte, wieso sein Wagen einfach stehenblieb und sich nicht mehr rührte, obwohl er sich doch regelmäßig um Wartung und einen einwandfreien Zustand seines Autos kümmerte. Dabei äußerte er: »Ich muß mich doch auf meinen Wagen *verlassen* können.« Das Wort »verlassen« erwies sich als das geeignete Zauberwort, daß zur tieferen Bedeutung seines Traumes führte. Ein aktuelles Thema des »Träumenden« war es, sich auf sich selbst zu verlassen, dazu gehörte für ihn auch, sein Gefühl, verlassen zu sein, zuzulassen. Sobald er sich diesem Gefühl öffnete, stellte sich dieselbe Verwunderung wieder ein, die er im Traum erlebt hatte. »Es ist doch *komisch*,« erklärte er, »ich bin ständig mit sovielen Menschen zusammen, ich wußte gar nicht, daß ich mich dabei auch verlassen fühle.«

Für die Träumerin von TRAUM 9 erbrachte das Deutungsgespräch, daß es für sie »hohe Zeit« war, aus einem Lebensumfeld, das sie beengte und – wie sie bemerkte – »langsam beerdigte«, buchstäblich *auszustei-*

gen. Dabei erzählte sie, daß sie zwei Tage vor diesem Traum zum erstenmal bei einer Fußpflege (Pediküre) gewesen war. »Ich habe also schon angefangen, meine Füße zu pflegen und schützen«, schloß sie lachend, »jetzt bin ich neugierig, wohin mich die Füße tragen werden«.

Als er seinen Traum (NR. 10) erzählte, stand der Betreffende noch ganz im Eindruck von Gefühlen der Niedergeschlagenheit, der Enttäuschung und Vergeblichkeit, die er – auch – in diesem Traum empfunden hatte. Der Hinweis, daß die »unheimlich vielen Treppen«, die er im Traum hinabgestiegen sei, ihn möglicherweise zu seinem Unbewußten oder zu seinen tieferen Wurzeln hinführen könnten, vermochte weder, ihn zu ermuntern, noch seinen deprimierten Gefühlen eine Richtung zu weisen. Da geschah folgendes: »Ich verspüre manchmal einen gewaltigen Überdruß«, *wollte* er sagen. Tatsächlich formulierte er: »Ich verspüre manchmal einen gewaltigen *Überdruck*«. Der Versprecher löste Heiterkeit bei ihm und bei mir aus – eine Traumdeutung ohne Worte. »Das ist es wohl«, sagte er dann, »ich mach' mir zuviel Druck, warum nehme ich nicht einfach den nächsten Zug, wenn einer abgefahren ist? Ich möchte soviel tun und soviel erleben, aber anscheinend habe ich den richtigen Zug für mich noch nicht gefunden«.

TRAUM 11 ergänzt das bekannte Bild, daß ein Zug bereits weg ist, um die interessante Variante, daß gleich *der ganze Bahnhof verschwunden* ist. Beim Träumer selber löste dieser Traum leichtes Entsetzen aus, weil er begeisterter Bahnfahrer war und ist, andererseits ein Kopfschütteln und Achselzucken, was den möglichen Sinn oder Unsinn dieses Traumes anging. Im Gespräch darüber stellte ich mehrere Deutungsansätze vor: Der Bahnhof symbolisiert oft eine Drehscheibe des Lebens, hier erreichen wir unsere Anschlüsse und Verbindungen, werden die Weichen neu gestellt, wie und wohin unsere Lebensreise gehen soll. Schon das Traumbild, daß *ein* Zug abgefahren ist, drückt möglicherweise die Furcht davor aus, etwas nicht zu erreichen, oder die Angst, etwas zu versäumen oder zu verpassen. In diesem Sinne wäre das Fehlen des Bahnhofs als eine Warnung zu verstehen, daß nicht nur ein Zug, sondern der Zug überhaupt »abgefahren« ist. Der Traum warnt damit vor einer im wahrsten Sinne des Wortes ausweglosen Lage (der Seele) – es sei denn, daß er gerade umgekehrt deutlich machen will: Hör auf, immer wieder weggehen zu wollen, danach zu suchen, irgendwo oder irgendwer anders zu sein. – Gegenüber den möglichen Gefühlen der Enttäuschung darüber, daß der Zug verpaßt worden ist (vgl. auch TRAUM 10), ist es nützlich, Freuds Auffassung von diesen Traumbildern zu kennen. Für ihn stellte das Abreisen mit dem Zug eine Umschreibung des

Sterbens dar. »Er ist abgereist« heißt dann soviel wie »er ist verstorben«. Freud meinte, die Angst und die Enttäuschung, die im Traum empfunden werden, bezögen sich ursprünglich auf die Angst vor dem Tod. Wenn im Traum dann aber der Zug abfährt, ohne daß der oder die Träumende sich selbst in dem Zug befindet, dann bedeutet der Traum eine Beruhigung und Entlastung gegenüber jenen Ängsten. Freud: »Der Traum sagt dann tröstend: Sei ruhig, du wirst nicht sterben (abreisen)«. Gemäß dieser Auffassung von Freud bedeutet der Traum, worin nun der ganze Bahnhof entschwunden ist, einen nicht nur punktuellen, sondern einen *generellen Trost*: Sei beruhigt, du wirst nicht »abreisen«, und da ist *überhaupt keine* Spur, die auf ein »Abreisen« hindeuten würde. – Wenn man schon mit Freud das Abreisen mit dem Sterben in Verbindung bringt, muß allerdings für den TRAUM 11 auch die Möglichkeit in Betracht gezogen werden, daß das Fehlen des Bahnhofs unter Umständen eine *Verdrängung* des Todes signalisiert. – Der (eigene) Tod bedeutet als Traumthema im allgemeinen eine Aufforderung, loszulassen – und die Frage zu beantworten: »Was will ich in meinem Leben ernten?« (Wie es auch das Motiv des Sensemanns oder des Schnitters im Volksmärchen zum Ausdruck bringt.) – »Ich verstehe nur noch Bahnhof«, scherzte der Träumer von TRAUM 11, »ich werde die Erklärungen beherzigen und schauen, was mir meine nächsten Träume zeigen«.

Nacktheit und Scham

Weitere zugehörige Traumbilder: Peinlichkeiten, »ins Fettnäpfchen treten«, »auf der falschen Veranstaltung«; Schatz, Diamant, Schönheit; Geheimnis, Verrat, Enthüllung u. a.

Traum 12: Ein Computer-Fachmann, Mitte 30: »*Ich sehe mich nackt auf dem Sofa liegen. Ein anderer Mann, ebenfalls nackt, entfernt sich gerade. Beim Erwachen und Erinnern des Traums bin ich sehr beglückt*«.

Traum 13: Eine Erzieherin, Mitte 20: »*Eine Weihnachtsfeier im Hause meiner Eltern. Während wir uns an der Krippe versammeln und singen, spüre ich zu meinem Entsetzen, wie mein Rock zu rutschen beginnt. Ich will ihn festhalten, doch er liegt schon am Boden. Mein Schrecken steigert sich, als ich merke, daß ich untenherum nackt bin. Seltsamerweise* *haben die anderen es nicht bemerkt. Sie singen unverändert weiter. Ich möchte am liebsten in den Boden versinken.«* Auf Fragen nach dem Gefühl beim Wachwerden: *»Ich bin durch den Traum wachgeworden, wußte erst gar nicht, was los war, und mir war schlecht.«*

Traum 14: Eine Krankenschwester, 42 Jahre: *»Es war im Urlaub, wie in Portugal oder auf Kreta. Wir machten eine Bootsfahrt an der Küste entlang. Als wir in einer Bucht anhielten, entdeckte ich eine höhlenartige Grotte. Auf einmal war auch ein kleines Mädchen da – ich weiß nicht genau, ob es meine Schwester in jungem Alter war –, und ohne ein Wort zu sagen, nahmen wir uns an die Hand und gingen in die Grotte hinein. Vorher hatte ich unsere Kleidung gar nicht bemerkt, aber als wir mitten in der Grotte waren, sah ich, daß ich nackt und voller Dreck war. Erde oder Schlamm klebte an meinem Körper, meine Fingernägel waren schwarz, mein Gesicht ganz verschmiert. Das kleine Mädchen oder meine Schwester stand in dem Grottensee und rief, ich solle auch hineinkommen. Da wurde ich wach, ganz benommen und unruhig.«*

Sehen, gesehen werden und *sich selber sehen*, spielt bei diesem Traum-Motiv eine wesentliche Rolle. Bei dem Mann, der den TRAUM 12 gehabt hatte, führt die Traumanalyse unter anderem zu dem verblüffenden Ergebnis, daß dies sein erster Traum war, an den er sich erinnern konnte, in dem er sich selber gesehen hatte. In seinen vorherigen Träumen war er stets gleichsam nur Zuschauer gewesen. Er habe schon alles Mögliche geträumt, so berichtete er, jedoch bisher immer so, als sehe er ein Geschehen auf einer großen Kinoleinwand direkt vor seinen Augen. Er hatte diese Sichtweise im Traum bislang nicht weiter beachtet, weil sie ihm selbstverständlich erschien. Der hier wiedergegebene Traum stellte eine persönliche Wende für ihn dar, die auch ein Grund für sein Glücksgefühl bei diesem Traum war. »Als ich mich in dem Traum gesehen habe, fand ich mich sehr schön«, fiel ihm ein. Der »andere Mann«, der sich entfernte, bedeutete in diesem Zusammenhang, daß der Traum von dem Wunsch oder der Möglichkeit handelte, »Ja« zu sich selbst zu sagen und aufzuhören, ein *anderer* sein zu wollen.

Nacktheit im Traum steht häufig für eine (neue) »nackte Wahrheit«, die sich in der Regel entweder auf den Körper und die Körperlichkeit oder auf unsere Person und Persönlichkeit bezieht. Freud führte die Nacktheitsträume auf kindliche Exhibitions- (Entblößungs-) Gelüste zurück. Häufig stellt sich bei diesen Träumen ein Widerspruch ein zwischen der eigenen Scham oder Verlegenheit und der offenbaren Gleichgültigkeit der anderen Traumpersonen. Freud erklärte die Ungerührtheit der Anwesenden mit der Tendenz der Träume, einen Wunsch schon als erfüllt darzustellen. Daß die anderen Traumpersonen, wie in TRAUM 13, die Nacktheit nicht bemerken, ist demnach ein Ausdruck des Wunsches, sich ohne Verbot oder Strafe nackt zu zeigen, während die empfundene Peinlichkeit darauf hinweist, daß gleichzeitig ein (persönliches) *Tabu-Thema* berührt wird.

Gerade wenn Nacktheitsträume einen Tabubereich ansprechen, läßt sich jedoch die Gleichgültigkeit der sonstigen Traumpersonen auch in einem anderen Sinne als dem der Wunscherfüllung oder heimlichen Bestätigung verstehen. Die Gleichgültigkeit oder Ungerührtheit ist selbst ein Symbol der Verdrängung, der (seelischen) Starrheit oder Teilnahmslosigkeit gegenüber dem Bereich, der einmal als unerwünscht und zum Tabu erklärt worden ist. Der Träumerin von TRAUM 13 führte der Traum – ganz naheliegend – ihre Geschlechtlichkeit vor Augen. In ihrer Familie, von der der Traum auch handelte, wurden Gefühle, die emotionale Seite der Weiblichkeit anerkannt und gefördert; sexuelle Weiblichkeit jedoch war tabu – auch bei ihr selber. »Muß ich mich nicht schämen, solche Träume zu haben?« fragte sie. Nicht, wenn sie sich ganz so nimmt, wie sie ist, lautete die Antwort. Aber Schamgefühle, ob im Traum oder im Wachen, betonen im positiven Sinne die Unterschiede zwischen den Menschen. Sie schützen vor Schamlosigkeiten und Unverschämtheiten, die ebenfalls zum Inhalt von Nacktheitsträumen gehören können. Nur eine falsche Scham und ein überholtes, veraltetes Tabu können schaden.

Schamgefühle können sinnvoll und sinnlos sein – diese Ambivalenz blieb auch bei der Besprechung von TRAUM 14 deutlich. Das »kleine Mädchen« konnte die Träumerin selbst als Kind darstellen, aber auch ein Zeichen für eine neue, heranwachsende Seite in der (seelischen) Gegenwart der Träumerin. Schmutz und Dreck einerseits und der Ruf, ins Wasser zu kommen (mit der Möglichkeit, sich zu säubern und reinigen), andererseits konnten besagen, daß es jetzt an der Zeit war, alten Dreck abzuwaschen und loszuwerden – ebenso konnte es aber auch darum gehen, anstelle einer in der Kindheit angewöhnten Reinlichkeit sich selbst nun auch *mit* Schmutz und Dreck anzunehmen. Der Traum war nach beiden Richtungen hin offen. Die Träumerin selbst verspürte nur, daß dieser Traum für sie von größerer Wichtigkeit war als andere Träume. »Ich werde mir den Traum merken und meinen nächsten Urlaub abwarten«, entschied sie sich. »Vielleicht finde ich diese Grotte. Es war jedenfalls ein ganz besonderes Gefühl im Traum, dort zu sein.« Erde und Wasser sind die Grundlagen der Fruchtbarkeit der Natur. Der Traum zeigte ihre Chance, (erneut) zur Quelle ihrer persönlichen Fruchtbarkeit zu finden, auch wenn sie noch danach suchen mußte.

Sex und Liebe

Traumbilder mit ganz unmittelbarem sexuellen Inhalt bringen entweder entsprechende Wünsche und Ängste in offensichtlicher Form zum Ausdruck, oder die Sexualität symbolisiert hier etwas anderes: Z. B. Kampf, Aggression, Angst, Wut, Sehnsucht (nach Anerkennung, Macht, Verständnis, usw.), Freude, Liebe, Kreativität oder Aspekte der großen Lebensthemen Geburt, Hochzeit und Tod. Oft gewinnen Sex- und/oder Liebesszenen im Traum einen überraschenden zusätzlichen Sinn, wenn wir den oder die Partner/in(nen) *auch* als Anteile der eigenen Persönlichkeit deuten und den sexuellen Höhepunkt *auch* als ein symbolhaftes Gleichnis verstehen, wie in den folgenden Träumen.

Traum 15: Ein Sozialarbeiter, 33 Jahre: »*Ich liege im Bett und K. (eine Freundin und Kollegin von mir) beugt sich über mich und küßt mich ganz leicht und zärtlich auf den Mund. Wie in Zeitlupe, ganz bewußt und sachte war das, unbeschreiblich schön.*«

Traum 16: Eine Geschäftsfrau, Mitte 50: »*Heute nacht habe ich im Traum Herrn Z., den ich im letzten Urlaub oberflächlich kennengelernt und seitdem nie mehr wiedergesehen habe, einen Heiratsantrag gemacht.*«

Traum 17: Ein Rechtsanwalt, 47 Jahre: »*Ein kurioser Traum: Ich schlafe mit meiner Partnerin, ganz kraftvoll, dabei sind wir lustig und unbeschwert. Während ich zum Orgasmus komme, wechselt die Szene. Ich sitze an meinem Schreibtisch und organisiere den Terminplan.*«

Traum 15 und Traum 16 hatten bei den Betreffenden zunächst jeweils für Verwirrung gesorgt. Der Sozialarbeiter berichtete von einer besonderen »Seligkeit«, die er im Traum empfunden habe und seitdem mit sich trage, und die Geschäftsfrau war ganz erfüllt von der Ernsthaftigkeit des Heiratsantrages, den sie im Traum gemacht hatte. Beide glaubten, daß der jeweilige Traum etwas Außergewöhnliches zu sagen hatte.

Aber was? Die Geschäftsfrau hat sich gefragt, ob dieser Mann ihr wichtiger war, als sie gedacht hatte, und ob der Traum ihr raten wollte, wieder in Urlaub zu fahren. Der Sozialarbeiter verabredete sich mit seiner kollegialen Freundin. »Dabei merkte ich, sie zu treffen, war nett, aber was der Traum mir gezeigt hatte, war etwas anderes«, erzählte er.

In beiden Fällen war es hilfreich, die Traumfrau und den Traummann als Aspekte, als seelische Seite der bzw. des Träumenden zu betrachten. Im Gespräch erwähnte der Sozialarbeiter, scheinbar in einem anderen Zusammenhang, daß ein bestimmtes Buch (»Der Tod des Märchenprinzen«) großen Eindruck auf ihn gemacht und er sich bei der Lektüre stark mit der weiblichen Hauptfigur des Romans identifiziert hatte. Das Buch hatte er in den Tagen vor seinem Traum gelesen. Ich machte ihn auf den möglichen Zusammenhang zwischen seiner Begeisterung für die Romanheldin und seinem Traum aufmerksam. Die Folge war ein regelrechtes »Aha«-Erlebnis. Im Unterschied zu seinen realen Erfahrungen mit seiner Freundin und Kollegin K. konnte er mit ihr als Traumspiegelbild *seiner* eigenen Weiblichkeit unmittelbar etwas anfangen. »Dann steckt diese Zärtlichkeit und Leichtigkeit in mir«, befand er, »sie ist mir im Traum erschienen, aber ich habe mich selbst darin erst nicht erkannt«.

Bei der Geschäftsfrau (TRAUM 16) erwies sich als die ergiebigste Deutung des Traumes weder die Konsequenz, daß sie Aufenthalt und Adresse ihres Traum-Mannes ausfindig machen sollte, noch die, daß sie den nächsten Urlaub organisieren sollte. Vielmehr war es der Mann bzw. eine *neue* männliche Seite in ihr selbst, mit der sie sich verheiraten sollte. Im Geschäftsleben stand sie ihren Mann, wie sie es ausdrückte, aber ihre Selbständigkeit und Gestaltungskraft hatte vor ihrem Privatbereich ohne Zweifel zu oft halt gemacht. Sich mit dem Urlaubsmann zu verheiraten, hieß für sie, Freiheit und Freizeit in ihrem Alltag zu verwirklichen.

Der Träumer von TRAUM 17 kam »zufällig« auf sein Thema zu sprechen. Geradewegs hätte er es wohl nicht vorgetragen. Er genierte sich zwar nicht für seinen Traum, aber empfand doch den Wechsel im Traum mitten im Orgasmus zu seinem Beruf als befremdlich. Es interessierte und erleichterte ihn zu hören, daß es schon seit einigen hundert Jahren immer wieder zur Praxis der sogenannten Sexualmagie gehörte, im Augenblick des sexuellen Höhepunktes sich auf ein bestimmtes zu erreichendes Ziel zu konzentrieren. Wenn dies absichtlich geschah, wie in der sogenannten Sexualmagie, stellte dies einen Akt geistiger Willkür, der Willensfixierung und der Selbstentfremdung dar. Sein Traum aber hatte den ähnlichen Vorgang unbewußt, ohne sein willentliches Zutun, dargestellt – entweder als eine Warnung davor, daß er seine besten schöpferischen Kräfte für einseitige Berufs- oder Willensziele mißbrauchte, oder als Ermunterung, nicht nur im Bett, sondern in allen Lebenslagen »voll dazusein«, alle Kräfte einzusetzen und im Brennpunkt des jeweiligen Augenblicks zu konzentrieren und loszulassen.

Labyrinth und Chaos

Zu diesem Motiv zählen einmal faßbare Traumbilder wie: Sich in einer bewegten Menschenmasse zu befinden, Getümmel von Menschen, Tieren, Sachen, Ereignissen usw., Dschungel, Irrgarten, Gänge oder Wege in unendlicher Abfolge und dergleichen mehr. Darüber hinaus sind alle besonders wirren Träume, alle Träume mit besonders gegensätzlichen, rasch wechselnden Bildern diesem Motiv zuzurechnen – und damit die große Gruppe von Träumen, die zwar einen spürbaren Eindruck hinterlassen, aber deren Inhalt sich kaum in Geschichten oder beschreibenden Worten ausdrücken läßt.

Zeitverschiebungen, Ortsveränderungen, bruchstückhafte Zersplitterung und kollossale Verdichtung sind im Drehbuch unserer Träume üblich und selbstverständlich. Träume können auch Unbelebtes zum Leben animieren: Dinge sprechen oder schweigen beredt. Räume erzeugen Spannungsfiguren usw. Die üblichen Eigenschaftsmerkmale verändern sich. Farben erzeugen dann zum Beispiel Klänge, Worte verströmen Gerüche, Menschen verwandeln sich in Tiere oder Gegenstände in Personen. Das alles und noch vielmehr zeigt der Traum häufig wie in einem Zeitraffer von unglaublicher Geschwindigkeit, dann wieder wie in einer unendlichen gedehnten Zeitlupe. Natürlich können sich aber auch mehrere Ereignisse oder Handlungsstränge im Traum gleichzeitig ereignen, ja, mit jeweils unterschiedlichem oder gegenläufigem Tempo sich gleichzeitig entwickeln.

Traum 18: Eine Sekretärin, mittleren Alters: *»Ich renne im Bürohaus durch Etagen und Gänge und finde nicht die richtige Tür.«*

Traum 19: Ein Verwaltungsbeamter, 45 Jahre: *»Meinen Traum heute nacht habe ich mir in Stichpunkten notiert: Meine Tochter und ich in* *der Küche. Ich in der Tanzschule. Meine Tochter spricht eine unbekannte Sprache. Palmen, ein großer Wald in der Küche. Eine Explosion. Blut. Splitter. Undefinierbare Farben. Unser Postbote kommt. Schnee, kalt, ein Rock-Konzert. Ein Mann fragt, ich laufe zum Auto, da sitzt mein Vater drin, meine Tochter erscheint, meine Frau lacht, auf der Autobahn, wieder Wald, aber ein anderer, im Schlafzimmer eine große Torte. Ich gehe über eine Brücke… Mehr fiel mir nicht ein, obwohl ich das Gefühl habe, daß ich höchstens ein Zehntel von dem aufgeschrieben habe, was im Traum vorkam… Ach ja, da war auch ein Klavier, auf dem ich spielte (was ich in Wirklichkeit nicht kann).«*

Die »richtige Tür« in TRAUM 18 kann den Übergang in eine neue Lebenssituation bedeuten, aber auch den Zutritt zu jemand anderem – sowie den Einlaß zu sich selbst. Obwohl die Träumerin den Traum mit Angst erlebt und mit Unlust berichtet hatte, war der Traum für sie wertvoll: Sie hatte im Traum gesehen, *daß* sie etwas suchte und was das Ziel der Bemühungen war – eben die richtige Tür. Sie konzentrierte in den folgenden Wochen, so oft sie wollte, ihre Fantasie auf die Vorstellung, wie ihre »richtige Tür« wohl aussehe und wohin sie führe. – Dann hatte sie folgenden Traum: »Als ich mein Büro verlasse, ist mir gegenüber, auf der anderen Seite des Flurs, eine Tür, die ich noch nie gesehen habe. Mit Herzklopfen gehe ich auf sie zu und klopfe an; keiner antwortete. Ich drücke die Klinke, die Tür öffnet sich, das Zimmer ist leer. Schreiend werde ich wach. (Vom Schreien weiß ich durch meinen Mann. Als ich ihm den Traum erzähle, denke ich unvermittelt, daß mein Herzklopfen und das Anklopfen dasselbe waren.)« Als sie diesen Traum mitteilte, war wiederum einige Zeit vergangen. »Inzwischen habe ich begonnen, das neue Zimmer einzurichten«, erklärte sie mit Stolz.

In TRAUM 19 lassen sich zwar Deutungszusammenhänge bestimmen. Zum Beispiel so: Träumer und Tochter (auch: eine junge oder unerfahrene seelische Seite in ihm selbst) in der Küche, einem Ort des Weiblichen und Mütterlichen. Tanzschule: »Es ist lange her, daß ich Frauen oder Mädchen als unbekannten Wesen gegenüberstand. Jetzt ist es wieder so weit. Ich verstehe meine Tochter (meine Seele) nicht. Das bringt mich auf die Palme, ich stehe im Wald. Ich explodiere, oder die Küche als solche explodiert – es ist nichts mehr wie es war. Der Postbote bringt Neuigkeiten, Neuland, Schnee, ich muß mich wärmen, usw. usw.« – Die Stichpunkte des Traums ließen auch Schlüsse auf andere Zusammenhänge zu. Für den Träumer dieses Traums lag jedoch interessanterweise der wichtigste Aspekt in dem Klavier, das ihm fast nicht mehr eingefallen war: »Es stürzt im Moment im Leben so vieles auf mich ein. Ich muß lernen, viele Tasten gleichzeitig zu bedienen und viele Seite in mir zum Klingen zu bringen.«

Horror und Alp

Es gibt Verletzungen der Seele, des Körpers, der Würde usw., die so nachhaltig wirken, daß sie in Horror- und Alpträumen (gleichbleibender oder veränderlicher Form) immer wiederkehren. Wo solche einschneidenden Verletzungen zu spüren oder zu erkennen sind, muß eine praktische Therapie (der Seele, des Körpers oder der persönlichen Würde usw.) einsetzen – als Selbsthilfe und/oder von professionellen Helfern. Die Schreckens- oder Alpträume erfüllen dabei den gleichen Zweck wie ein körperlicher Schmerz: Sie machen auf die eingetretene Verletzung oder Beschädigung aufmerksam und drängen auf Klärung und Heilung; sie schützen vor einer Verewigung und Verschlimmerung der Schmerzen. Nicht selten sind Horrorträume selber bereits Teil eines Genesungsprozesses, und zwar immer dann, wenn im Traum reale Ängste und Gefahren verarbeitet werden (s. im folgenden etwa Traum 21 und 22).

Traum 20: Ein Zahnarzt, ca. Ende 40: *»Ein furchtbar entstellter Mann mit blutunterlaufenen Augen kommt auf mich zu. Ich liege im Bett und bin wie gelähmt. In Panik wache ich auf.«*

Traum 21: Ein Großhandelskaufmann, Ende 30: *»Meinen größten Horrortraum hatte ich, als ich meine Stelle in N. antrat. In dieser Zeit träumte ich immer wieder von meiner Diplomprüfung und wachte jedesmal schweißgebadet auf.«*

Traum 22: Ein Handelsvertreter, ebenfalls Ende 30: *»Als Junge hatte ich irgendwo Berichte von Folterungen in Lateinamerika gelesen. Diese Szenen [die hier nicht im einzelnen wiedergegeben werden sollen] verfolgten mich jahrelang in meinen Jugendträumen und kehren auch heute noch manchmal wieder.»*

Traum 23: Eine Arzthelferin, 34 Jahre: *»Als der Golfkrieg war, wiederholten sich Träume, in denen Bomben auf unsere Stadt fielen. Die*

Traumszenen glichen den Bildern von den Bombenteppichen im 2. Weltkrieg. Ich sah Bomben in den Hinterhof unseres Häuserblocks fallen und rannte maßlos entsetzt in Richtung Keller.«

Traum 24: Eine Hausfrau, 41 Jahre: *»Mein schlimmster Alptraum ist ein Chaos mit großer Hektik. Ich bin ständig unterwegs, fahre durch die Stadt hin und her, mit den unterschiedlichsten Gründen und Zielen, sehe den grauen Himmel und die Abgase in der Luft. Du bist eingekesselt, sagt eine Stimme. Ich wache auf, nicht abrupt, sondern allmählich, und fühle mich wie gerädert.«*

Das Material der Träume stammt in diesen Fallbeispielen einmal aus objektiven Ereignissen (Prüfung, Folter, Krieg, TRAUM 21, 22, 23; evtl. auch die Umweltverschmutzung in TRAUM 24), zum anderen aus sonstigen Quellen (TRAUM 20 UND 24). Für das persönliche Traum-Erleben macht es freilich keinen Unterschied, ob der Schrecken auf objektiven Tatsachen beruht oder nicht. Denn jeder Traum, und so auch der Horrortraum, stellt in irgendeiner Weise eine Realität dar – eine seelische Wirklichkeit. Für die Traum-Deutung ist es jedoch von großer Wichtigkeit, zu unterscheiden, ob der Traum einen Spiegel objektiver, äußerer Gefahren oder subjektiver, innerer Gefährdungen darstellt. Wenn zum Beispiel jemand in einem Wohngebiet mit tatsächlich verseuchter Erde lebt und davon träumt, dann muß er oder sie andere praktische Schritte unternehmen, als jemand, der oder die von einer vergifteten Erde träumt als Symbol dafür, daß ein bestimmtes Lebensumfeld oder -gebiet im übertragenen Sinne »Gift« für ihn oder sie ist.

Dabei nimmt der Traum nicht selten Verschiebungen vor. Objektive Gefahren oder Katastrophen treten im Traum als Kulisse oder Szenario ganz subjektiver Ängste auf. Und umgekehrt, hinter scheinbar subjektiven Alpträumen verbergen sich objektive Probleme und Nöte der eigenen Person und/oder anderer Menschen.

Für jeden Horror- und Alptraum kommen damit recht unterschiedliche Deutungsebenen in Betracht. (1) Zunächst einmal sind Horror- und Alpträume als notwendige Verarbeitung realer Erfahrungen zu verstehen. Es gibt Menschenrechtsverletzungen und Fälle von Menschenverachtung, die unsere Abscheu und unseren Widerstand unbedingt notwendig machen. Daneben gibt es höchst unangenehme Erfahrungen, wo wir »Blut, Schweiß und Tränen« vergießen, die bei allem Leid oder allem Streß, welchen sie verursachen, dennoch unter den gegebenen

Umständen notwendig oder unvermeidlich sind. Notwendige sowie unnötige Fälle von einschneidenden Verletzungen greifen die Träume auf und zeigen sie womöglich, wie es immer die Art der Träume sein kann, in einer Art Lupeneffekt, das heißt vergrößert und besonders deutlich. – Auf dieser Deutungsebene kommt es auf die persönliche Bearbeitung der bestehenden Schrecken an. Es müssen praktische Konsequenzen gezogen und Maßnahmen festgelegt werden, was wir gegen Menschenrechtsverletzungen und für mehr Menschlichkeit im Alltag tun werden, einschließlich der Erleichterung der persönlichen Arbeits- und Lebensbedingungen. (»Gelebte Träume sind die besten Träume« – diese Leitlinie bedeutet hier, die Alpträume weder in den Tag zu verlängern, noch am Tage zu verdrängen, sondern vielmehr durch praktische Taten aufzuheben.)

(2) Die Schreckensträume können sodann von (eigenen) seelischen Wunden handeln, die uns aus dem Gleichgewicht bringen und von einer wirksamen Entfaltung unserer Bedürfnisse abhalten. Solche seelischen Wunden spielten bei den Träumen 20 und 21 eine entscheidende Rolle. Positiv und heilsam war an diesen Träumen, daß *bestehende* Verletzungen und Ängste nicht in namenlosem Entsetzen untergingen, sondern in konkreten Träumen Gestalt annahmen. Angstträume *verursachen* keine Ängste, sondern sie reagieren auf vorher bestehende Ängste und versuchen sich an deren Bearbeitung. Schon Sigmund Freud hat für die Prüfungsträume (vgl. Traum 21) herausgefunden, daß darin zumeist Szenen aus solchen Prüfungs- und Examenssituationen wiederkehren, die tatsächlich bereits mit Erfolg bestanden wurden. Der Traum holt entweder Ängste nach, die in der Prüfungssituation selbst unterdrückt worden sind, oder – so Freud – die Träume greifen Szenen aus tatsächlich erfolgreich bestandenen Prüfungen auf, um damit zu verdeutlichen: »Fürchte nichts; es wird dir auch diesmal nichts geschehen.«

(3) Horror- und Alpträume können im weiteren (verdeckte) Aggressionen zum Ausdruck bringen. Dabei gibt es Fälle von »positiven Aggressionen«, die davon handeln, daß wir zu notwendigen, einschneidenden Maßnahmen bereit und fähig sind. Daneben aber auch Fälle von zerstörerischen Aggressionen, die immer auch eine Tendenz zur Selbstzerstörung beinhalten. – Oft ist die Traumhandlung nach dem Muster aufgebaut: »Was ich mich (aus moralischen Gründen usw.) nicht traue, anderen zuzufügen, das wird mir zugefügt«. So stellte sich bei der Deutung der Kriegsszenen aus Traum 23 interessanterweise heraus, daß sich hier zwei verschiedene Tendenzen in einem Traum mischten. Auf

der einen Seite hatte der Golfkrieg aus dem Jahre 1991 bei der Träumerin Kindheitsängste aktualisiert, die seinerzeit durch Erfahrungsberichte von Eltern und Verwandten aus dem 2. Weltkrieg hervorgerufen worden waren. Auf der anderen Seite kannte die Träumende Schübe von maßloser Wut, die sich in großangelegten Zerstörungsfantasien und -wünschen äußerten, die ebenfalls ihre Quelle in der Kindheit besaßen. Für die Träumerin kam es darauf an zu lernen, sich selbst zu behaupten und in sinnvoller Weise ihre aggressiven Impulse auszuleben. Diese werden nämlich immer erst dann gefährlich, wenn wir sie ganz zu leugnen versuchen. Wir müssen in diesen Fällen lernen, unsere Kraft und Gewalt nicht gegen andere, sondern *für uns* einzusetzen, damit wir selber einen Platz finden, wo für uns die Sonne scheint.

(4) Neben allen Schrecken und mehr oder weniger faßbaren Aggressionen handeln die Horror- und Alpträume möglicherweise auch von einer bestimmten Angst- und Schmerzlust. Sadistische und/oder masochistische Tendenzen können sich hier im Traume darstellen. Schmerz, Verletzung und Entsetzen werden dann nicht nur als furchtbar erlebt, sondern von ihnen geht gleichzeitig eine erhebliche Anziehungskraft aus. Diese vermischt sich in vielen Fällen mit dem Wunsch entweder nach einem starken Partner oder einer starken Partnerin, von dem/der man sich geführt und beherrscht sehen möchte; *oder* mit dem Wunsch, so stark zu sein, daß man andere beherrschen und sich selbst von störenden Beeinflussungen freihalten kann. Auf dieser Ebene der Deutung kommt es vor allem darauf an, diffuse Ängste in eine faßbarere Form zu bringen. Welche Botschaft übermitteln sie? Ängste wollen weder verharmlost nocht verherrlicht werden. Es geht darum, die eigene Stärke und die eigene Freiheit in Besitz zu nehmen, nicht die eines oder einer anderen. Es geht auch nicht um Selbstaufgabe oder Aufopferung, sondern um die Hingabe an sich selbst!

(5) Schließlich können Horror- und Schreckensträume uns nicht nur aus dem nächtlichen Schlaf aufwecken. Sondern ihre Funktion kann auch darin liegen, uns in unserem Tagesbewußtsein zu erwecken und wachzumachen. Indem sie uns haarsträubende Szenen vor Augen führen, fordern sie uns auf, Extreme des menschlichen Daseins zu erfassen und ins Bewußtsein zu integrieren – ein Fassungsvermögen auch für solche Phänomene und Ereignisse zu entwickeln, die unsere Vorstellungskraft bei weitem übersteigen. – Wenn wir uns mit dem Unfaßbaren nicht auseinandersetzen, ereilt es uns als überwältigendes Glück – oder aber als gewaltsamer Schock. In diesem Jahrhundert haben wir Schocks erlebt und fabriziert – wie die Massenvernichtung der Weltkriege und

den Holocaust, aber auch wie die Existenzbedrohung durch Reaktorkatastrophen und die Vergiftung der Flüsse und der Meere – die dazu zwingen, Unvorstellbares zu bedenken und zu begreifen, wenn man ein klares und waches Verhältnis zu sich selbst und zu den eigenen Existenzbedingungen behalten will. – Auf der ganz anderen Seite sind heute Lebensglück und Wunscherfüllung keine bloße »Glückssache« mehr. Die realen Glücksmöglichkeiten in unserem Leben machen es *wünschenswert*, das Unfaßbare zu denken.

Mord und Totschlag

In aller Regel müssen Mord und Totschlag im Traumgeschehen in ihrer symbolischen Bedeutung verstanden werden. Sie dürfen weder als Bagatellen noch als Prophezeiungen tatsächlicher Handlungen verstanden werden. Viel eher zeigen sie bestimmte Gefahren oder Chancen der seelischen und persönlichen Entwicklung an. Beim Motiv »Mord und Totschlag« steht die Traumdeutung vor derselben Situation, wie die Analyse der allgemeinen Begeisterung für Krimis (in Literatur, Film und Fernsehen): Hier wie da ergibt sich die Faszination von Verbrechen und Gewalttaten in letzter Konsequenz *nicht* daraus, daß wir alle heimliche Mörder oder Opfer wären. Sondern es sind drastische Lebenserfahrungen, die wir entweder hinter uns oder vor uns haben, die uns mit einem Krimi identifizieren, obwohl die vordergründige Handlung im allgemeinen keine direkte Parallele zu unserem Alltagsleben besitzt, und die auch dazu führen, daß uns im Traum Mord, Totschlag und ähnliches begegnen.

Zunächst einmal drücken Mord und Totschlag im Krimi wie im Traum jedesmal eine Warnung aus, daß ein wichtiger Gefühlsinhalt abgetrennt wird; eine bestimmte Seite der eigenen Persönlichkeit erfährt ihr Ende, und das ist eine Warnung, wenn damit ungenutzte Fähigkeiten und Talente verlorengehen, besonders die Beziehungen zu anderen Menschen und die Liebesfähigkeit überhaupt. Auf der anderen Seite drücken jedoch Mord und Totschlag im Traum auch die positive Seite der Aggression aus. So kann es überaus heilsam sein, daß man im Traum etwas umbringt und somit radikal beendet. So stellt sich jedesmal auch die Möglichkeit der Befreiung und der Erlösung dar, der Erlösung im wortwörtlichen Sinne, daß angestaute seelische Energien sich lösen und wieder fließen können.

Wie dabei ein Mord verübt wird, besitzt jedesmal eine interessante symbolische Bedeutung. Handelt es sich um ein *Vergiften*, so ist dies in der Traumdeutung ein Zeichen für verdrängte Bosheiten und Aggressionen. Oft werden damit buchstäblich vergiftende Gedanken und Gefühle gezeigt. Der Traum warnt entweder vor einer schleichenden Vergiftung der eigenen Seele, oder er wählt umgekehrt das Motiv des Vergiftens, um darzustellen, daß es um die Befreiung von vergiftenden Einstellungen, Gedanken und Gefühlen geht.

Handelt es sich um ein *Erschießen*, so betrifft die Symbolik das schnelle, gewaltsame oder aber befreiende Durchdringen des Äußersten mit dem Innersten.

Ein *Ertrinken oder Ertränken* bringt dem gegenüber insbesondere die Welt der Seele, der Psyche und der Gefühle ins Spiel. Denn Wasser bedeutet in der Traumdeutung und in anderen Symbolsprachen stets ein Symbol des Seelenlebens. Luft dagegen stellt in der Symbolik nicht nur den Atem, sondern auch ein Symbol des Geistes dar. Ein *Erwürgen, Ersticken* oder ähnliches im Traum bedeutet deshalb jedesmal den Hinweis, darauf zu achten, daß uns die Kraft, zu sprechen und uns geistig eigenständig auszudrücken, nicht entzogen wird und/oder daß wir einen langen Atem und all unsere geistigen Kräfte benötigen, um eine bestimmte Angelegenheit tatsächlich zu erledigen.

Darüber hinaus stehen Mord und Totschlag selbstverständlich in Verbindung mit dem Motiv von Tod und Geburt (Wiedergeburt):

Tod und (Wieder-) Geburt

Tod und Wiedergeburt vollziehen sich in jedem Augenblick innerhalb eines jeden Lebens. Bei Licht betrachtet, führt es zu einer gesteigerten oder tieferen Lebendigkeit, wenn man sich seines Pulsschlages und der eigenen Zeitlichkeit bewußt wird. Nun liegt es aber in der Natur der Sache, daß Altern, Sterben und Tod die persönlichen Lebenskräfte mindern und aufzehren, so daß der Gedanke an den Tod oftmals – und nicht nur zu unrecht – weniger als eine Steigerung der Lebendigkeit empfunden wird, als als eine Lähmung.

An dieser Stelle macht die Traumdeutung jedoch einen bewußten Unterschied: Trauer über Tod und Verlust ist unvermeidlich. Aber die grausamen Ängste eines *verdrängten* Todes sind unnötig und unwürdig.

Der Tod besitzt in Traumdeutung und heutiger Symbolkunde stets einen Hinweis auf die Frage: Was wollen wir ernten in unserem Leben? Wie an anderer Stelle schon erwähnt, ist aus dem Mythos und dem Volksbrauch die Figur des »Sensemann« bekannt. Der Sensemann oder Schnitter will nicht nur zerstören, abhacken oder »kaputtmachen«. Der Schnitter will auch ernten, Früchte nach Hause tragen! Damit bedeutet die Konfrontation mit dem Thema Tod oder Sterben, die für den Traum durchaus typisch ist, im wesentlichen weder eine Bedrohung noch eine verkehrte Faszination durch den Tod. Vielmehr stellt sich darin immer wieder neu die Frage: Wenn ein Leben Früchte tragen soll, muß im passenden Rhythmus das Nötige für die gewünschte Ernte getan werden. Bis hin zur ständigen und zur letzten großen Aufgabe, Ergebnisse eines Lebens für die Zukunft verwertbar zu machen. Was will und muß ich also loslassen, um zu ernten? Was ist überholt, inzwischen unecht, nebensächlich oder unfruchtbar und soll aufgegeben oder erledigt werden, um das Fruchtbare wachsen zu lassen?

Tod- und Sterbesituationen im Traum verweisen auf konkrete Erledigungen, Abschiede und Beendigungen und auch auf das große Thema des Sterbens. Der betreffende Traum stellt damit immer die doppelte Frage, was wir wohl oder übel beenden, loslassen und einfach akzeptieren müssen und was wir andererseits im Bewußtsein der gegebenen Möglichkeiten »begehren« und ernten wollen.

Die Seele, unsere innere Einstellung, braucht für mehr oder weniger einschneidende Veränderungen (z. B. Berufswechsel, Geburt des ersten Kindes, Auszug des letzten Kindes, Umstellung alter Lebensgewohnheiten) eine gewisse Verarbeitungszeit, wobei die Dauer von der Qualität und der Intensität bestimmt wird. In den Vor- und Nachbereitungsphasen solcher Lebensumstellungen besitzen Tod- und Sterbesequenzen im Traum eine sehr heilsame Funktion. Sie machen die betreffende Änderung in ihrer seelischen Tragweite deutlich und fordern dazu auf, sich dieser seelischen Dimension zu stellen. Wenn man dazu bereit ist, sind solche Träume eine wesentliche Hilfe auf dem Weg, die betreffende Verwandlung der Lebensverhältnisse wirklich zu erreichen und zu akzeptieren.

Viele Projekte scheitern, nicht weil es an Lust auf Neues, sondern weil der Mut zum Abschied vom Alten fehlt. Wenn wichtige Veränderungen im Alltag anstehen und im Traum- oder Seelenleben der Tod gar keine Rolle spielt, sollte man sich fragen, ob man für jene Umgestaltungen wirklich offen ist.

Nicht selten zeigt die Psyche ihre Bereitschaft zur Bereinigung gewisser Lebensumstände bereits im Traum an, *bevor* wir sie bewußt begriffen haben. Hier ist also die Traumbegegnung mit dem Tod ein Symbol, das in seiner praktischen Beziehung erst noch zu deuten ist.

Wie und in welcher Gestalt tritt der Tod im Traum auf? Diese Frage kann unmöglich mit einer Aufzählung beantwortet werden. Wie Geburt, Liebe und Glück *auch* ein individuelles Gesicht tragen, so ebenfalls der Tod im Traum. Zu beachten ist ferner, daß es in Träumen offensichtliche Todesszenen gibt (die an bekannte Bilder – etwa aus Krankenhäusern oder aus Krimi-Geschichten – angelehnt oder aber ganz eigene Bildschöpfungen sein können); daß es daneben aber auch versteckte Todesbilder im Traum gibt.

Im Traum und in der Symbolik tritt der Tod in versteckter Form zum Beispiel in Bildern des Ertrinkens, des Untertauchens, der Flucht in eine Höhle, des Lebens in einer Flüssigkeit oder eines »ewigen« Schlafzustandes auf. Das Unbewußte findet in diesen Fällen keinen begrifflichen Ausdruck für den Tod. In Bildern, die dem pränatalen (vorgeburtlichen) Erfahrungsbereich entlehnt sind, bringt es die (Bereitschaft zur) Preisgabe des erreichten Zustandes zum Ausdruck. Solche Traumbilder (und auch »ewige« Müdigkeit und Schlafbedürftigkeit im wirklichen Leben) sind sehr genau zu beachten. Auf einer sehr tiefen Ebene bringen sie Wünsche nach Beendigung und Loslösung zur Geltung. Wegen ihrer Unbestimmtheit erfordern diese Träume und Symbole viel Aufmerksamkeit und Fingerspitzengefühl. Man sollte auf jeden Fall die Hilfe von Freunden und/oder von professionellen Therapeuten hinzuziehen. Die große Chance solcher Traum-Erfahrungen, die bis in den unbestimmten, vorgeburtlichen und »chaotischen« Bereich zurückführen, liegt in einer Neubestimmung des persönlichen Lebensweges, weshalb S. Freud diese Träume schlicht als Geburtsträume deutete: »Träume dieser Art sind Geburtsträume; zu ihrer Deutung gelangt man, wenn man die im manifesten [offensichtlichen] Traume mitgeteilten Tatsachen umkehrt, also statt: sich ins Wasser stürzen – aus dem Wasser herauskommen, d. h.: geboren werden.«

In nicht wenigen Träumen tritt der Tod in personifizierter Form auf, zum Beispiel als Schnitter, als Skelett, als Spielmann, als Klageweib, als »Django« u. a. Der besondere Vorteil dieser (Traum-) Erfahrungen liegt darin, daß man sich mit diesen handelnden Gestalten auseinandersetzen kann, was die seelische Bewältigung von Tod und Sterben zu erleichtern vermag.

Natürlich geht es bei der Traumbegegnung mit dem Tod nicht nur um gegenwärtige und zukünftige Ereignisse. Vielmehr tauchen im Traumgeschehen auch vergangene Erlebnisse wieder auf, in denen – zu recht oder zu unrecht – ein Teil der eigenen Person »gestorben« ist. Hier kommt es darauf an, den Teil der Auseinandersetzung, der noch aussteht, nachzuholen; sich von bestimmten Geschehnissen endgültig und auch seelisch zu lösen; und gegebenenfalls einen verschollenen Teil der eigenen Persönlichkeit wiederzuentdecken und ins aktuelle Leben einzugliedern.

Damit gelangen wir an einen kniffligen Punkt. Während es im allgemeinen richtig ist, den Tod als Teil des Lebens zu akzeptieren und sich darauf einzustellen, so wäre eine solche Haltung doch ebenda grundverkehrt, wo ein Teil der eigenen Person noch darauf wartet, aus dem Sterben befreit und überhaupt richtig geboren zu werden!

Den Tod allein als *Wandlungssymbol* zu deuten – wie dies nicht wenige der vorhandenen Traumdeutungsbücher tun –, zeugt von einer gefährlichen Einseitigkeit. Denn in gewisser Weise werden eine Wandlung und eine Wiedergeburt nur möglich, wenn man am Tod nicht nur das Vorübergehende, den Aspekt der Wandlung, sondern auch seine Endgültigkeit betont. Es gibt einen qualitativen Unterschied zwischen dem Lebensende und der Beendigung einer Lebens*phase*. Unter dem Eindruck der Endgültigkeit regt sich *auch* ein berechtigter Widerstand dagegen, sich allzusehr mit dem Tod anzufreunden. Das gilt insbesondere dann und solange, wie wir Erfahrungen in uns tragen, die einen bestimmten Verlust *nicht* akzeptiert haben und auch nicht annehmen *wollen*.

Dieser Widerstand gegen den Tod mag in vielen Fällen illusorisch sein. In bestimmten Fällen aber ist er sinnvoll oder sogar notwendig: Dort und solange nämlich, wie wir uns auf der Suche nach einem wesentlichen Teil des eigenen Selbst befinden, welcher irgendwann verschollen oder untergegangen ist. Eine persönliche Wandlung wird in diesen Fällen erst ermöglicht, wenn jener verlorene Teil der Person geborgen ist. Der Widerstand dagegen, diesen Wesensanteil einfach zu vergessen und sterben zu lassen, erweist sich als eine machtvolle Triebkraft jeder Wiedergeburt!

Anzeichen des Bedürfnisses nach Wiedergeburt können deshalb in solchen Traum-, aber auch Alltags-Handlungen erkennbar sein, in denen man etwas sucht oder um gewisse Rechte kämpft und sich zugleich einer gefährlichen Gegenmacht oder einer tödlichen Bedrohung erwehren muß. *Wiedergeburt im Traum beginnt also nicht unbedingt mit Frieden, Freude und Erleuchtung, sondern u. a. auch mit Kampf und Wider-*

stand. Eine Wiedergeburt kann sich im Traum in ebenso unzähligen Formen äußern wie der Tod. Da wird eine Mauer übersprungen, ein Fluß durchschwommen, ein Widerstand bezwungen, ein wildes Tier gezähmt, ein Haus neugebaut, eine Tür geöffnet oder ein Chaos in Ordnung gebracht. Etwas taucht aus dem Wasser oder einer Versenkung empor. Licht am Ende eines Tunnels. Eine Blume blüht auf. Ein Kran hebt etwas empor. Etwas Neues und völlig Ungewohntes findet sich in einer altvertrauten Umgebung. In einer Wüste entsteht Leben. Etwas Tiefgefrorenes taut auf. Man ist einem Abgrund entkommen…

All dies und anderes mehr kann im Zusammenhang mit Wiedergeburtserfahrungen geträumt werden. Vielleicht am meisten erzählen Liebesträume von einer erlebten oder einer erwünschten Wiedergeburt: Sexuelle Liebesträume; keusche und unverschämte Liebesszenen; Glücksträume mit einer tiefgreifenden Gewißheit, zu lieben und geliebt zu werden; Träume der Entlastung und der Befriedigung, die im Traum und/oder noch im Wachwerden ein Gefühl großer Erleichterung mit sich bringen.

Literaturangaben
zu diesem Kapitel

FREUD, Sigmund: Die Traumdeutung. Verschiedene Ausgaben.

FREUD, Sigmund: Erinnern, Wiederholen und Durcharbeiten (Weitere Ratschläge zur Technik der Psychoanalyse II), in: ders., Schriften zur Behandlungstechnik. Studienausgabe Ergänzungsband. (Fischer Tb) Frankfurt a. M. 1982

FROMM, Erich: Sigmund Freud's Psychoanalyse – Größe und Grenzen. (dtv) München 1981

JAFFE, Aniela (JUNG, C. G.): Erinnerungen, Träume, Gedanken von C. G. Jung. (Sonderausgabe Walter Vlg.) Olten, Freiburg, ^{2}1984

JUNG, C. G.: Die Psychologie der Übertragung. (dtv) München 1991

LOHMANN, Hans-Martin (Hrsg.): Die Psychoanalyse auf der Couch. (Fischer Tb) Frankfurt a. M. 1986

NEUMANN, Erich: Ursprungsgeschichte des Bewußtseins. (Fischer Tb) Frankfurt a. M. 1984

SCHEIDT, Jürgen v.: Der unbekannte Freud. Neue Interpretationen seiner Träume. (Fischer Tb) Frankfurt a. M. 1987

VOLLMAR, Klausbernd: Handbuch der Traum-Symbole (Königsfurt Vlg.) Königsförde^{2} 1993

Ferner die Literaturangaben unter »Sonstige Empfehlungen« auf Seite 37 sowie

FIEBIG, Johannes: *Reihe* Die Tierkreiszeichen in Astrologie, Tarot, Traumdeutung und Märchen, 12 Bände. (Königsfurt Vlg.) Königsförde 1989–1991

Traumzeit
Übungen zur Traumarbeit

Wie kann ich meine Träume leichter erinnern?

Der erste Schritt zum Umgang mit den eigenen Träumen besteht in der Erinnerung der nächtlichen Träume. Diese Traumerinnerung fällt uns nicht einfach zu, denn unsere Träume haben etwas Flüchtiges. Schreibt man sie nicht nach dem Aufwachen direkt nieder (oder spricht sie auf Cassette), so können sie binnen weniger Minuten vergessen werden.

Wenn Sie sich trotz einiger Bemühungen nicht an Ihre Träume erinnern können, sollten Sie diese nicht in Ihr Bewußtsein zu zwingen suchen.

Grundsätzliche Faktoren zur Verbesserung unserer Traumerinnerungsfähigkeit

Wenn wir uns von der Einstellung leiten lassen, daß Träume »Schäume« sind, dann verjagen wir jegliche Traumerinnerung. Von unserer inneren Einstellung her müssen wir unsere Träume als wichtige Informanten über unser Unbewußtes ansehen.

Typische Haltungen, welche die Traumerinnerung blockieren, bestehen in der Ausrede, daß man zu viel zu tun habe, um sich mit seinen Träumen zu beschäftigen, daß man zu müde sei und keine Zeit für solch einen »psychologischen Luxus« habe.

Hinter solchen Aussagen und Einstellungen verbirgt sich oft Angst, die Wahrheit über sich selbst zu erfahren, und die meist unbegründete Vermutung, daß diese Wahrheit unbequem sein könnte. Unbewußt scheinen wir zu wissen, daß der Umgang mit Träumen nicht ohne Risiken für unsere Ruhe ist: Sie könnten uns aufzeigen, daß wir uns zu ändern haben. Doch wir sehnen uns auch danach, weiterzuwachsen und unser Leben neuzugestalten.

Wenn Sie Ihre Träume nicht oder nur schlecht erinnern, dann sagen Sie nicht: »Ich bin ein realitätsbezogener Mensch, der mit beiden Beinen im Leben steht. Ich träume nicht.« Untersuchen Sie vielmehr zunächst, ob Ihre Träume nicht ebenfalls eine Realität, wenn auch eine sehr persönliche, darstellen.

Auf der anderen Seite gibt es das Extrem, daß man sich derart anstrengt, seine Träume ins Bewußtsein zurückzurufen, daß man diese dadurch verscheucht. Das Erinnern der Träume sollte nicht in Zwang und blinden Eifer ausarten, denn das Unbewußte ist ein sensibler Freund und eine eigenwillige Freundin, die sich nicht vom Bewußtsein bedrängen lassen. Verlegen Sie nicht den Leistungsdruck Ihrer Arbeitsumgebung auf die Erinnerung Ihrer Träume. Ihre Träume wollen nicht beherrscht werden, sondern sie bevorzugen den liebevollen, selbstverständlichen Umgang mit ihnen. Lassen Sie die Traumerinnerung ganz normal in sich aufsteigen, indem Sie sich etwas Zeit für sie morgens nach dem Aufwachen nehmen.

Praktische Tricks und Hilfsmittel der Traumerinnerung

Ein wesentlicher Faktor unserer Fähigkeit, Träume zu erinnern, liegt in der Art unseres Aufwachens. Wenn Sie morgens durch einen Radiowecker geweckt werden, der Sie mit den Nachrichten aus dem Schlaf holt, werden Sie Mühe haben, Ihre Träume zu erinnern. Alle *plötzlichen* akustischen und optischen Impulse, die Sie aus dem Schlaf holen, verscheuchen das Nachtbewußtsein.

Für jeden, der morgens zu einer bestimmten Zeit aufwachen muß, empfehle ich, es zunächst einmal mit einem Wecker zu versuchen, der einen nicht zu lauten Ton in bestimmten Intervallen abgibt. Sie werden so wesentlich sanfter aus dem Schlaf geholt und nicht gleich mit neuer Information bombardiert. Unter solchen Aufwachbedingungen können Sie normalerweise zumindest Ihren letzten Traum erinnern.

Eine andere Technik des sanften Aufwachens besteht darin, sich auf eine bestimmte Aufwachzeit zu programmieren. Diese Technik ist besonders dann relativ leicht zu erlernen, wenn man täglich zur gleichen Zeit aufstehen muß.

Man geht wie folgt vor: Wenn Sie morgens um sieben Uhr erwachen müssen, nehmen Sie sich vor dem Einschlafen vor, zehn Minuten vor dieser Zeit aufzuwachen. Sie sagen sich still im Inneren: »Ich wache morgen früh um zehn vor sieben auf.« Und dann schlafen Sie ein. Stellen Sie sich dennoch den Wecker auf sieben Uhr, so daß Sie sich nicht unter Streß setzen, daß Sie unbedingt erfolgreich sein müssen. Nach einer bestimmten Weile werden Sie regelmäßig und ohne Probleme zu dieser Zeit aufwachen. Ich würde Ihnen dennoch vorschlagen, weiterhin Ihren Wecker zu stellen. Der Wecker gibt Ihnen Sicherheit, denn nervöse Menschen neigen dazu, ohne solche Sicherheit viel zu früh aufzuwachen und dann nur noch unruhig bis zum gesetzten Zeitpunkt zu schlafen.

Nach dem Aufwachen kommt es darauf an, sich wenig und nicht zu heftig zu bewegen. Solche Bewegungsimpulse stören die Traumerinnerung. Stellen Sie Ihren Wecker ab, und bleiben Sie die verbleibenden zehn Minuten bis zum Aufstehen ruhig im Bett liegen. Lassen Sie ganz einfach die Erinnerung an Ihre Träume hochsteigen. Auch wenn Sie vielleicht zu Beginn nichts konkret erinnern können, lassen Sie sich in Ihre Stimmung fallen und gehen Sie spontan aufkommenden Bildern und Gedanken nach.

Schreiben Sie das auf (oder sprechen Sie es auf Cassettenrecorder), was von der Nacht übriggeblieben ist: ein Gefühl, eine Stimmung, Ideen oder Bilder. Wenn Sie das regelmäßig tun, wird sich die Traumerinnerung von selbst einstellen. Es kommt auf die Regelmäßigkeit der Beschäftigung mit der Traumwelt an, sie ist wichtiger als die Dauer im einzelnen, die Sie für Ihre Beschäftigung mit den Träumen einräumen. Allerdings sollten vor dem Aufstehen zehn Minuten für Traumerinnerung und kurze Notizen nicht unterschritten werden.

Jeder Mensch hat Vorlieben für bestimmte Schlafpositionen, und dies sind jene Positionen, in denen wir träumen. Wenn wir uns nach dem Aufwachen wieder in unsere gewohnte Schlafstellung begeben, erinnern wir unsere Träume leichter. Es scheint, daß die Körperstellung im Bett einen Schlüssel zur Traumerinnerung darstellt. Ich rate meinen Klienten, sich nach der Erinnerung der Träume noch einmal in ihre Schlafstellung zu begeben. Den meisten fallen dann neue Träume oder Details eines schon erinnerten Traums ein.

Die Arbeit mit Affirmationen

Wer sich noch ausgiebiger mit seinen Träumen beschäftigen möchte, der oder dem würde ich zur Arbeit mit Affirmationen raten. Mit dieser Arbeit ist es möglich, alle Träume der Nacht zu erinnern. Bedenken Sie nur eins: Die Traumerinnerung ist kein Selbstzweck. Wenn Sie fünf Träume jeden Morgen erinnern, bedeutet es einen großen Zeitaufwand, sich mit allen diesen Träumen zu beschäftigen. Natürlich bieten erinnerte Traumserien den großen Vorteil, daß oft die einzelnen Träume einer Nacht sich gegenseitig erklären. Sie müssen jedoch bereit sein, diese Zeit für Ihre Träume aufzubringen. Sind Sie nicht dazu bereit, halte ich es für weitaus sinnvoller, seine ein' bis zwei Träume, die man ohne großen Aufwand regelmäßig erinnert, zu betrachten, als eine Unmenge von Traummaterial vor sich auszubreiten, das man nur unter Streß bewältigen kann.

Was ist eine Affirmation?

Eine Affirmation besteht aus einem einfachen Satz, der etwas als gegeben darstellt, das erst eintreten soll. Sie stellt die moderne Form des Zauberspruches dar, indem sie kurz und eingängig beschwört, was geschehen soll. Für die Bildung von Affirmationen ist es wichtig, keine Negationen in sie aufzunehmen. Lassen Sie mich das an einem Beispiel verdeutlichen:

Zum Aufwachen ohne Wecker wäre folgende Affirmation angemessen: »Ich wache morgen um zehn vor sieben auf und erinnere leicht meine Träume.« Dieser Satz ist einfach, eingängig und ohne Negation. Falsch wäre der folgende Satz: »Ich verschlafe nicht, sondern wache um zehn vor sieben auf und habe keinen Traum vergessen.« Die Negationen in diesem zweiten Satz blockieren die Wirkung der Affirmation.

Wenn Sie eine Affirmation gebildet haben, sprechen Sie sich diese Affirmation vor dem Einschlafen täglich wortwörtlich im Inneren dreimal vor. Alles, was man dreimal sagt, sinkt tiefer ins Unbewußte ein, deswegen werden in der Magie Formeln immer dreimal ausgesprochen.

Nachdem Sie sich Ihre Affirmation dreimal vorgesagt haben, können Sie diese wieder vergessen, denn es ist notwendig, die Affirmation loszulassen, so daß sie vom Unbewußten angezogen werden kann. Das Unbewußte läßt sich nicht vom Bewußten in eine bestimmte Richtung zwingen, aber man kann vom Bewußten etwas behutsam ins Unbewußte absinken lassen. Nachdem Sie sich diese Affirmation vorgesagt haben, denken Sie an etwas anderes und schlafen Sie ruhig ein.

Diese oben als Modell angegebene Affirmation ist meistens nicht stark genug, daß Sie mit deren Hilfe alle Ihre Träume erinnern. Um das zu erreichen, müssen Sie mit sogenannten Stop-Signalen arbeiten. Jedesmal nach dem Ende eines Traumes unterbrechen sie Ihren Schlaf für den kurzen Moment Ihrer Notizen. Das bedeutet, daß Sie etwa alle eineinhalb Stunden aufwachen (wir träumen im allgemeinen in einem festgelegten Rhythmus von neunzig Minuten), um kurz Ihren Traum zu notieren und sogleich wieder einzuschlafen. Das hört sich schlimmer an, als es wirklich ist. Die kurze Phase des Notierens der Stichworte wirkt weitaus weniger störend, als man vermutet. Diese Arbeit mit Stop-Signalen stört erstaunlicherweise keineswegs Ihren Schlafrhythmus. Sie fühlen sich morgens nicht mehr oder weniger ausgeschlafen, als wenn Sie normal durchgeschlafen hätten.

Ferner sollten Sie sich (durch Affirmation) vornehmen, jede Traumerinnerung aufzuschreiben sowie jedes Gefühl, das einen Traum begleitete.

Die Modell-Affirmation für diese Arbeit mit Stop-Signalen lautet: »Ich wache nach jedem Traum kurz auf, notiere ihn und schlafe sogleich wieder fest ein.« Dies ist nur ein Modell für eine Affirmation. Es hilft, wenn man sich selber Affirmationen bildet und diese nicht fertig aus Büchern übernimmt. Eine Affirmation muß nämlich mit ihrer Formulierung aus dem Inneren der- oder desjenigen kommen, die oder der mit ihr arbeiten möchte.

Einen erinnerten Traum sollte man einfach so aufschreiben, wie er einem in den Sinn kommt. Ordnen können Sie ihn noch später. Wenn Sie versuchen, beim Niederschreiben (oder beim Besprechen der Cassette) das Erinnerte zu ordnen, werden Sie mit Sicherheit viele Details vergessen. Außerdem ist die Reihenfolge des Erinnerten wichtig, da sie der psychischen Wichtigkeit des Materials entspricht.

Traumerinnerung mit Hilfe von Körperarbeit

Zusätzlich zu den hier beschriebenen Traumerinnerungstechniken kann man auch verschiedene Arten der Körperarbeit einsetzen, um seine Träume noch genauer zu erinnern. Die Körperarbeit eignet sich jedoch nicht dazu, als einzige Traumerinnerungstechnik angewandt zu werden, sie kann nur schon bestehende Methoden der Traumerinnerung erweitern und bereichern.

Jegliche Körperübung, die langsam genug durchgeführt wird, so daß man sich der Spannungen in seinem Körper bewußt wird, die man dann langsam auflöst, kann Träume zu Tage fördern. Das ist deswegen möglich, da Muskelanspannungen direkt mit unserem Unbewußten verbunden sind. Jeder verspannte Muskel steht in Verbindung mit einem unterdrückten Gefühl, das ausgedrückt werden möchte. Entspanne ich nun langsam diesen Muskel, dann werden diese Gefühle befreit, und sie kommen an die Bewußtseinsoberfläche. Genau diese unterdrückten Gefühle sind es, die unsere Traumbilder speisen.

Durch die Beobachtung unserer Träume bekommen wir schnell eine Ahnung, wo wir Gefühle zurückhalten. Aggressive Traumbilder verweisen auf den fehlenden (oder übermäßigen) Ausdruck von Aggressionen; dort, wo es in unseren Träumen um Lasten, ums Tragen, um Gepäck und um Gewichte geht, wird auf Belastungen verwiesen, mit denen wir (nicht) fertig werden.

Betrachten wir z. B. unterdrückte Aggressionen, unter denen viele in unserer Gesellschaft leiden: Durch aggressive Traumbilder wissen wir, daß auch in uns solche Aggressionen schlummern. Wir wissen zugleich, daß Wut und Aggressionen oft im Bauch sitzen. Nehmen wir eine Körperübung, die zunächst die Bauchmuskulatur anspannt, um sie danach systematisch mehr und mehr zu entspannen, dann können leicht Bilder aufsteigen, die uns zu den Träumen mit diesem Thema führen.

Wir legen uns z. B. flach auf den Rücken und heben beide gestreckten Beine gleichzeitig an. Wenn es anstrengend wird und schmerzt, dann halten wir für einen Moment inne und gehen wieder aus der Spannung heraus und entspannen uns, so tief es uns möglich ist. Bei dieser Entspannung lassen wir alle Bilder aufsteigen, die in uns emporkommen möchten. Ohne einzugreifen, schauen wir uns die Bilderströme zunächst an, um dann vorsichtig in die Bilderwelt eines Traumes zu gehen, der uns jetzt spontan einfällt. Wir halten unseren Bauch völlig entspannt und können so tief in den Traum hineingehen, daß wir ihn regelrecht nochmal erleben. Dabei ist es wahrscheinlich, daß sich dieser Traum in unserem Erleben vervollständigt und daß uns neue Träume zur gleichen Problematik einfallen.

Wie wir körperlich mit unserer Entspannung spielen, indem wir die Spannung im Bauch loslassen und dann auch wieder etwas aufbauen, so können wir auch mit den dabei aufsteigenden Bilderwelten spielen, indem wir uns mehr und mehr in sie hineinfallen lassen, uns dann wieder etwas zurücknehmen und auf erinnerte Träume zurückgehen, um wieder den Bildern ihre Bewegung und ihren freien Lauf zu lassen. So können sich die Bilderwelten der Träume vor unserem inneren Augen ausbreiten und neue, nicht erinnerte Träume hervorbringen, uns zu Details leiten, die wir bisher nie beachtet haben, und Verbindungen zwischen Träumen aufzeigen, die uns noch nie bewußt wurden.

Was behindert die Traumerinnerung, was unterstützt sie?

Im folgenden möchte ich eine Tabelle anführen, mit deren Hilfe Sie leicht prüfen können, was Ihnen im Umgang mit Ihren Träumen hilft und was Sie behindert. Diese Tabelle kann zur schnellen Information dienen, wenn man nachschauen möchte, was man zur Verbesserung und Erleichterung der Erinnerung seiner Träume tun kann.

Behinderung der Traumerinnerung	Förderung der Traumerinnerung
1. Mentale Konzepte	*1. Mentale Konzepte*
Ich habe keine Zeit Ich bin realitätsbezogen und kein weltfremder Träumer Träume sind Schäume Träume verunsichern, beängstigen und schwächen mich für das Alltagsleben Ich muß unbedingt jeden Traum erinnern (zwanghafte Haltung, Leistungsdruck)	Träume sind bedeutungsvoll Meine Träume sind mir wichtige Verbündete Die Erinnerung an meine Träume stellt sich leicht und natürlich ein Arbeit mit Affirmationen
2. Äußerliche Bedingungen	*2. Äußerliche Bedingungen*
Jedes plötzliche Aufwachen Schriller Wecker (bes. Radiowecker) Morgendlicher Zeitdruck Viel Bildschirmkonsum	Man wird sanft geweckt, so daß man mehr oder weniger behutsam aufwachen kann Man hat mindestens zehn Minuten Zeit zwischen Aufwachen und Aufstehen

Behinderung der Traumerinnerung	Förderung der Traumerinnerung
3. Verhaltensweisen	*3. Verhaltensweisen*
Sofort aus dem Bett zu springen und ins Badezimmer zu laufen (jede schnelle und hastige Bewegung) Nach dem Aufwachen sogleich über seine Arbeit oder etwas anderes als seine Träume nachzudenken Träume sofort übersichtlich und geordnet aufschreiben zu wollen	Man bleibt ruhig im Bett liegen und läßt die nächtlichen Träume nachwirken Man nimmt noch einmal seine bevorzugte Schlafposition im Bett ein Man schreibt seine Träume spontan auf, wie sie einem einfallen

Literatur zu diesem Abschnitt:

Es ist wirklich erstaunlich, wie wenig Traum-Bücher auf die Traumerinnerung eingehen. Einen kleinen Abschnitt zur Traumerinnerung findet man bei Williams, Strephon K.: Durch Traumarbeit zum eigenen Selbst. Die Jung-Senoi Methode, (Ansata) Interlaken 1984, S. 96–99 und einen ausführlicheren Abschnitt in Vollmar, Klausbernd: Dream-Power. Ein Handbuch für Träumer, (Simon & Leutner) Berlin 1988, S. 127–146. Einige interessante Hinweise zur Arbeit mit Affirmationen im Traum findet man bei Donahoe, James J.: Die Kunst des Träumens. Der Weg zur Entwicklung paranormaler Fähigkeiten, (Sphinx) Basel 1980, und allgemein zur Affirmationstechnik kann ich besonders den Klassiker von Gawain, Shakti: Stell Dir vor, (Sphinx) Basel 1984 (auch mit Cassette zur Übung) empfehlen. Die Verbindung zwischen der Arbeit mit den Träumen und Körperübungen habe ich in meinem Buch Vollmar, Klausbernd: Fahrplan durch die Chakren, (rororo Tb 8513) Reinbek [3]1991 schon angespürt, indem ich dort Hatha Yoga und die Arbeit mit den inneren Bilderwelten entwickelt habe. Aus der Fortführung dieser Arbeit ist dann die Verbindung zwischen Traum- und Körperarbeit entstanden, wie ich sie hier kurz skizziert habe. Zu dieser Synthese von Traum- und Körperarbeit liegt noch keine Literatur vor.

Der Reigen der Traumpersonen

Von wem ist die Rede?

Jede Nacht treffen wir in unseren Träumen uns bekannte und unbekannte Personen, mit denen wir meist in Handlungen verstrickt sind. Jede Person im Traum, ob wir sie aus unserem Wachleben kennen oder nicht, kann grundsätzlich in drei verschiedenen Funktionen auftreten:

1. *Die in unseren Träumen auftretende Person kann auf eben diese Person, die wir aus unserem Alltagsleben kennen, verweisen (Objektstufe nach Jung).* Verstehen wir einen Traum auf der Objektstufe, dann sollten wir bedenken, daß wir aus den unterschiedlichsten Gefühlen wie Haß oder Liebe, Enttäuschung oder Hoffnung meist ein sehr einseitiges Bild dieses anderen Menschen gestalten. Der Traum besitzt eine starke Tendenz, die Konfliktseite mit dieser Person zuzuspitzen. Seien Sie sich bewußt, daß auf der Objektstufe die reale Person aus dem Wachleben verzerrt und karikiert wird, ihre Eigenarten werden nicht selten zugespitzt oder idealisiert.

2. *Die in unseren Träumen auftretende Person kann auf Persönlichkeitsanteile und -eigenschaften von uns selbst verweisen.* In diesem Fall spricht die analytische Psychologie von der *Subjektstufe* eines Traumes. Um einen Traum auf der Subjektstufe zu verstehen, kann man sich praktisch leicht helfen, indem man hinter jede Traumperson »in mir« schreibt, also zum Beispiel »das Kind in mir«, »der Greis in mir«, »die Lehrerin in mir«, »der Polizist in mir« usw.

3. *Die in unseren Träumen auftretenden Personen symbolisieren den Träumer selbst.* Wir alle kennen Träume, in denen uns aus dem Wachleben bekannte Personen vorkommen, die jedoch völlig oder zumindest auf einigen Gebieten drastisch anders handeln, als wir es von ihnen gewohnt sind. In solch einem Fall sind wir meist selbst gemeint. Grundsätzlich kann jedoch jede uns bekannte oder unbekannte Gestalt im

Traum auf uns selbst verweisen. Wir sehen uns dann als Huhn oder Elefant, als Bettlerin oder Königin usw.

Diese Funktion der Traumperson unterscheidet sich von der Subjektstufe darin, daß hier die Traumperson uns als Ganzes symbolisiert, wohingegen auf der Subjektstufe die auftretende Traumperson nur Anteile von uns verdeutlicht.

Die drei Funktionen einer Traumperson treten meist zugleich auf. Wenn wir z. B. von unserer Mutter träumen, ist sowohl unser Verhältnis zu unserer realen Mutter angesprochen, wie auch auf unsere mütterliche Seite hingewiesen wird, und oft steht die Mutter zugleich als Symbol für den Träumer als ganze Person. (Zusätzlich könnte dasselbe Traumbild auch auf die archetypische Figur der »Großen Mutter« verweisen, vgl. dazu unten.)

Praktisch ergibt sich hieraus, daß wir in jedem Traum uns die auftretenden Traumpersonen herausschreiben und dann schauen,
1. wie unser Verhältnis zu dieser Person (oder einem entsprechenden Menschentypus) im Alltagsleben aussieht,
2. welche Eigenschaften diese Traumperson verdeutlicht, die wir auch von uns kennen. Können wir keine Parallelen zwischen der Traumperson und uns erkennen, verweist diese Person meist auf von uns verdrängte oder unbekannte Eigenschaften,
3. ob wir uns mit dieser Traumperson identifizieren und wie wir uns dabei fühlen. Gelingt diese Identifikation nicht, sollten wir über unser Selbstbild nachdenken und uns genau in dieses Anderssein hineinfühlen. Die weiterführenden Fragen lauten dann: »Was lehne ich hier ab?«/ »Welche neuen Chancen bieten sich mir an?«

Erst wenn wir diese drei Aspekte einer Traumperson betrachtet haben, kommen wir der Botschaft unseres Traumes näher.

Zu Beginn würde ich empfehlen, bei der Betrachtung der Traumpersonen tabellarisch vorzugehen: Sie stellen wie bei einem Theaterstück eine Liste der auftretenden Personen auf und bilden dann drei Spalten für die Objektstufe, die Subjektstufe und die Identifikationsstufe mit dieser Person.
Mit einer gewissen Routine können Sie diese Systematik später wieder fallenlassen, da Sie durch dieses Schema Ihren Blick für die verschiedenen Dimensionen einer Traumperson geschärft haben.

	Objektstufe	Subjektstufe	Identifikationsstufe
Person 1			
Person 2			
Person 3			

Das ungeliebte Monster

Bis jetzt haben wir uns hauptsächlich mit den uns bekannten Personen im Traum beschäftigt. Meiner Beobachtung nach kommen in unseren Träumen mindestens genauso viele unbekannte wie uns bekannte Personen vor. Bei einer uns unbekannten Person sind im wesentlichen ihr Geschlecht und unsere Gefühle ihr gegenüber zu beachten.

Es gibt ein Gesetz, auf das die analytische Psychologie immer wieder verweist: Personen gleichen Geschlechts wie der Träumer, die wir im Traum hassen und bekämpfen, geben u. a. unseren Schatten wieder.

Der Schatten hat viele Erscheinungsformen. Nicht selten birgt er in sich das ungeliebte Monster, jene Seite in uns, die wir derart ablehnen, daß wir sie nur in anderen Personen erkennen. In uns selber können wir sie nicht ertragen und müssen sie deswegen auf andere Personen projizieren. Aber was wir in unserem Inneren ablehnen, das treffen wir im Traum wieder.

Die Archetypen

Nach dem Schatten trifft man im Traum auf den Archetypen, der sich zunächst als Anima und Animus die Ehre gibt. Dieser Begriff des Archetypen unterliegt aktuell einer wesentlichen Wandlung (s. S. 128).

Man begegnet immer wieder dem Mißverständnis, daß die Archetypen inhaltlich bestimmt seien. Archetypen – zumindest im Sinne Jungs – sind nicht inhaltlich, sondern einzig formal bestimmt. Der Archetyp drückt sich in der Tendenz aus, bestimmte Bilder wahrzunehmen.

Seelenbild der Weiblichkeit (Anima)

Jede weibliche Person, die uns im Traum entgegentritt, kann als das Weibliche des Träumers angesehen werden. Ob wir Mann oder Frau sind, immer wird unsere innere Weiblichkeit durch eine »Traumfrau« ausgedrückt, zu der wir in Beziehung treten. Das Weibliche stellt eine aus der archetypischen Grundstruktur entstandene Gestalt im Traum dar, die in der Psyche von Mann und Frau wirkt.

Bei jeder Frau im Traum sollten wir auf der Subjektstufe achten, welche weibliche Eigenschaften hier angesprochen sind, die wir auch in uns finden können. Ein Schlüssel zu diesem Verständnis unserer inneren Weiblichkeit stellt das Gefühl dar, mit dem wir im Traum dieser Frau entgegentreten.

Es hilft, wenn man sich bei der Betrachtung der Frauenfiguren im Traum fragt, mit welcher bekannten Frauenfigur aus dem Märchen oder der Mythologie unsere »Traumfrau« zu vergleichen ist. Für mich sind all diese Frauenbilder im Traum auf die fruchtbare (Maria) oder die furchtbare (Hexe) Mutter zurückzuführen. Das innere Weibliche hängt immer mit unserer Beziehung zu unserer Mutter zusammen, da unsere Mutter diejenige Person ist, an der wir die ersten Erfahrungen mit der Weiblichkeit hauteng gemacht haben.

Seelenbild der Männlichkeit (Animus)

Jeder Mann, der im Traum auftritt, zeigt u. a. die innere Männlichkeit des Träumers an. Treffen Sie in Ihren Träumen auf Männer, sollten Sie sich eine Liste deren Eigenschaften aufstellen und dann darüber meditieren, wie die Eigenschaften dieser Männer zu Ihrer inneren Männlichkeit in Beziehung zu setzen sind. Der Animus projiziert sich mit Vorliebe auf die geistigen Autoritäten wie Wissenschaftler, Künstler und besonders den alten Mann.

Wie auch die »Traumfrauen«, so scheiden sich die »Traummänner« in den guten Vater und in den bösen, bestrafenden Vater, da unsere erste Erfahrung mit der Männlichkeit von unserem realen Vater geprägt ist.

Ich möchte einige mythologische Männerfiguren anführen, um zu zeigen, worauf man beim »Traummann« achten sollte. Dieser Mann ist nicht immer der Held, auch der Antiheld und der Schwächling geben uns oft Hinweise darauf, welche männliche Seiten bei uns mehr der

Pflege und Ausbildung bedürfen. Besonders wenn das Männliche in Gefahr steht, zu verkümmern, dann treten der schnelle kommunikationsgewandte Hermes, der schöne Apollo, der listenreiche Odysseus oder der kluge Herakles auf. Die werden zwar nicht als diese Helden und Götter auftreten, aber Sie können sicherlich Ihre »Traummänner« unter dem Blickwinkel solcher allgemeiner Männerbilder betrachten. Es hilft uns, wenn wir unsere Traumrealität unter dem Blickwinkel der Mythologie oder des Märchens betrachten, da wir dann oft Seiten erkennen, für die wir sonst blind zu sein scheinen.

Das Traum-Ich

Die im Traum am häufigsten auftretende Person ist der oder die Träumer/in selbst, und wenn Sie in Ihren Träumen durch Ihre eigenen Augen zu sehen scheinen, so sind Sie auch gemeint. Sie selbst sind niemals Symbol für etwas anderes.

Im Gegensatz zu den anderen Traumpersonen fragt man beim Traum-Ich nicht, worauf es verweisen soll, sondern man beobachtet es genau. Oft stellt unser Traum-Ich eine Gestalt dar, die nicht gerade aktiv und selbstbewußt handelt: Es stößt dem Traum-Ich etwas schicksalshaft zu. Das liegt dann daran, daß wir uns auch in unserem alltäglichen Leben mehr ausgeliefert fühlen, als daß wir wirklich die Architekten unseres eigenen Glückes sind.

Wenn Sie Ihr Traum-Ich beobachten, dann beschreiben Sie bei der Bearbeitung Ihres Traumes genau, was das Traum-Ich unterläßt und was es tut. Wenn Ihr Traum-Ich im Traum etwas Kreatives, Neuartiges, Konstruktives oder Liebevolles tut, dann sollten Sie das als Anregung nehmen, die entsprechende Verhaltensweise in Ihrem alltäglichen Leben umzusetzen. Überhaupt sollten Sie jeden positiven Traum in Ihrem alltäglichen Leben zu leben suchen, denn der Traum ist die Muse, die Ihr Wachleben inspiriert.

Ich halte es für die wichtigste Aufgabe bei der Beschäftigung mit unserem Traum-Ich, nach jedem Traum genau zu notieren, was das Traum-Ich tat und was es unterließ zu tun. Im Extremfall, der gar nicht so selten vorkommt, beobachtet das Traum-Ich nur und handelt überhaupt nicht. Nachdem Sie dies nun notiert haben, sollten Sie herausfinden, welche Einstellungen Ihres Traum-Ichs für Sie konstruktiv und welche destruktiv wirken. Fragen Sie sich dazu, was an den Handlungen lebensbejahend und wirklichkeitsakzeptierend ist. Wenn Sie Zeit haben, machen Sie sich die Mühe, Ihren gesamten Traum noch einmal so aufzuschreiben, als ob Ihr Traum-Ich nur konstruktiv, lebensbejahend und wirklichkeitsnah gehandelt hätte. Das hilft, die Handlungen des Traum-Ichs zu verändern und somit zu neuen Verhaltensweisen im Alltagsleben zu kommen.

Der alltägliche Umgang mit den Träumen

Über die tägliche Traumarbeit

Wenn Sie produktiv mit Ihren Träumen umgehen wollen, dann hilft es mehr, sich *regelmäßig* über einen längeren Zeitraum mit seinen Träumen zu beschäftigen, als nur ab und zu sehr ausführlich. Sie werden eher die Bilder Ihrer Träume verstehen, wenn Sie täglich sich für eine Viertelstunde mit Ihren Träumen beschäftigen, als wenn Sie sich jedes Wochenende stundenlang mit den Träumen der letzten Nächte auseinandersetzen würden. Der regelmäßige Blick auf die Träume läßt eine/n schnell deren Entwicklung verstehen, und unsere Träume sind wie wir selbst in immerwährender Entwicklung begriffen. Erst durch die Beobachtung der Entwicklung im Traum, die sich durch die Veränderung der vorherrschenden Symbolik und Bilder anzeigt, kann man die Bilderwelten seiner Träume verstehen. Feine Veränderungen in den Bilderwelten des Traumes sind nur durch die tägliche Traumbetrachtung erkennbar.

Erkennen durch Gefühle

Ein Traum muß mit dem Gefühl angegangen werden, denn nur gefühlsmäßig ist zu sagen, ob der Traum günstig oder nicht ist (»günstig oder nicht« heißt in Beziehung auf unsere Erwartungen und Hoffnungen). Der Traum als solcher ist immer günstig in dem Sinne, daß er uns Möglichkeiten der Selbsterkenntnis liefert.

Zwei Fragen können wir uns nach dem Aufwachen stellen, die uns beide auf die Gefühlsseite eines Traumes einschwingen:

- Wie fühlte sich das Traum-Ich im Traum?
- Mit welchen Gefühlen erwachte ich?

War das Traum-Ich ängstlich oder freudig aktiv, fühlte es sich überfordert oder reagierte es lustig oder gar absurd...? In jedem Traum ist die gefühlsmäßige Ebene die wichtigste. Deswegen werden die Symbole und Bilder benötigt, um bestimmte Stimmungen zu erzeugen, die unsere Gefühle ansprechen. Entziehen wir uns diesen Gefühlen, laufen wir Gefahr, psychosomatisch zu erkranken; erleben wir dagegen lebendig diese Gefühle, können wir uns selbst damit psychisch und physisch gesund halten.

Die Psychoanalyse pflegt seit Freud mit der Assoziationstechnik am Traum zu arbeiten. Diese Technik kann man mit einiger Übung gut selbst anwenden: Falls Sie eines Ihrer Traumsymbole nicht verstehen, stellen Sie sich dieses Symbol so genau wie möglich vor. Jetzt lassen Sie Ihrer Fantasie freien Lauf und mit geschlossenen Augen alle Bilder, Einfälle und Gedanken zu, die kommen.

Nach oder vor welchen Einfällen stocken Sie?

Worauf laufen Ihre Einfälle hinaus?

Die Theorie besagt, daß Ihre Einfälle wie magisch von dem Gebiet angezogen werden, wo Ihre Gefühle verdrängt, gestaut oder anderweitig konzentriert liegen. Sie können das schon beim ersten Niederschreiben Ihres Traumes bemerken: Da fällt Ihnen etwas sofort ein und anderes erst nach einiger Zeit, Sie sehen ein Bild klar, ein anderes können Sie nur nebelhaft erahnen. Was Ihnen später einfällt, was Sie mit größerer Schwierigkeit erinnern, das ist meistens interessant, denn hier sträubt sich Ihr Ich, etwas wahrzunehmen. Es ist ein untrügliches Zeichen von unterdrückten Gefühlen genauso wie das Zögern beim Niederschreiben von bestimmten Traumbildern.

Bei all den Einfällen, die Sie zu einem Traum bekommen, sollten Sie sich allerdings nie zu weit vom Traum wegbewegen. Es ist wichtig, immer wieder zum aktuellen Traum mit seinen Traumbildern zurückzukehren, um sich nicht in den unendlichen Möglichkeiten der menschlichen Psyche zu verlieren.

Hilfreich scheint mir die Frage »Was empfinde ich beim Erinnern dieses Traumes?«, da sie häufig die Gefühle des Traum-Ichs zurückholt. Sind Sie sich Ihres Gefühls zu dem Traum und zugleich des Gefühls des Traum-Ichs bewußt, dann sollten Sie noch etwas tiefer in diese Gefühle hineingehen und sich aus ihnen heraus noch einmal den gesamten Traum ansehen. Wenn der Strom der Gefühle bewußt erlebt wird, bedarf es nicht mehr unbedingt der Formulierung des Traumverständnisses. Die Absicht, Ihre Gefühle unbedingt in Worte zu fassen, könnte leicht wieder Ihre Berührtheit verscheuchen. Das Verständnis des Traumes liegt häufig in den von ihm ausgelösten Gefühlen. Sie können sich noch fragen, woher Sie diese Gefühle aus Ihrem alltäglichen Leben kennen und welche Empfindungen für Sie neu sind.

Die Unterhaltung mit den Traumpersonen

Wenn Sie sich Ihres Gefühls einer Traumperson gegenüber klar werden wollen, können Sie sich mit dieser Person unterhalten. Wer Informationen über seine Träume benötigt, der sollte direkt bei den Gestalten seines Traumes nachfragen und genau zuhören, was diese einer/m zu vermitteln haben.

Stellen Sie sich diese Person vor Ihren geschlossenen Augen vor und reden Sie sie an. Beginnen Sie ein Gespräch mit ihr und schauen Sie, wie sich dieses Gespräch bewegt. Man kann fragen: »Was willst du von mir?« oder »Warum erscheinst du mir in diesem Traum und was hast du mir zu sagen?«.

Im Laufe solch eines Gespräches teilen einer/m die Traumpersonen mit, was sie einer/m zu sagen haben. Will dieser Dialog wider Erwarten nicht recht in Gang kommen, sollten Sie diese Schwierigkeit direkt mit der betreffenden Traumperson besprechen. Meist kommt eine Kommunikationshemmung auf, wenn Sie nicht mit Ihren Gefühlen bei diesem Gespräch dabei sind. Ihre Emotionen speisen nämlich mit ihrer Energie solch ein Gespräch und lassen es fruchtbar werden.

Die Hauptschwierigkeit bei dieser Technik liegt darin, sich noch einmal in den Traum hineinzubegeben. Wählen Sie das Bild als Traumeinstieg, das Sie sich am deutlichsten vorstellen können, und gehen Sie von diesem Bild aus auf Ihre Traumperson zu. Wenn Sie Ihre Traumperson sehen, lassen Sie dieses Bild wie zu einem Foto erstarren und schauen sich Ihren Gesprächspartner erst einmal genau an. Werden Sie sich darüber klar, welche Gefühle Sie dem Gesprächspartner entgegenbringen und was Sie fragen oder sagen wollen. Dann beginnen Sie das Gespräch. Sie beenden das Gespräch, wenn Sie das Gefühl haben, daß Sie die Nachricht verstanden und Ihre Lektion gelernt haben.

Sie sollten sich nach solch einem Gespräch notieren, was Sie besonders betroffen und gefühlsmäßig erschüttert hat, welche Einsichten Sie gewonnen haben, wie sich Ihr Gesprächspartner verhielt und welches die Botschaft dieses Gesprächs war. Darauf folgt ein Plan oder ein praktischer Vorsatz, wie Sie das Gelernte in Ihr alltägliches Leben umsetzen können.

Fast alle psychologischen Schulen benutzen diese Technik des Gesprächs mit den Traumpersonen, die ursprünglich aus der Magie stammt, wo man sich mit den Geistern zu unterhalten suchte. Die psychologische Dimension dieses magischen Rituals liegt darin, daß man das, was eine/n erschrecken will, zum Diener macht, d. h. daß man das unterdrückte Gefühl, das einem durch eine Traumpersonen erschreckend oder betörend entgegentritt, seinem Bewußtsein unterwirft bzw. zugänglich macht.

Jeder Träumer wird auf die Dauer bemerken, daß in seinen Träumen dem Traum-Ich bisweilen erstaunliche Weisheiten mitgeteilt werden. Traumpersonen sprechen Worte aus, bei denen sich der Träumer wundert, aus welcher Quelle sie wohl stammen mögen. Solche Lebensweisheiten werden häufig im Gespräch von den Traumpersonen ausgesprochen. Fragen Sie sich auf keinen Fall, woher solche Weisheit kommt. In der esoterischen Tradition spricht man davon, daß Sie diese Botschaften vorurteilslos annehmen sollten.

Der Dialog mit den Traumpersonen kann nach einiger Übung auch schreibend durchgeführt werden. Wenn Sie sich beim Schreiben voll auf die Traumbilder konzentrieren, gelingt es Ihnen, das Gespräch mit der Traumperson wie einen Dialog niederzuschreiben. Sie müssen sich allerdings dafür öffnen, alles ohne Zensur niederzuschreiben, was Ihnen in den Sinn kommt.

Außer mit den Traumpersonen kann man sich mit jedem Inhalt des Traumes in gleicher Weise unterhalten. Jede Traumsituation und jedes Traumelement eignet sich für solch ein Gespräch, wobei es allerdings (meistens) leichter ist, sich mit Traumpersonen zu unterhalten als mit einem Traumauto oder einem Traumberg.

Die künstlerische Umsetzung des Traumes

In unserer von der Sprache beherrschten Gesellschaft können wir uns immer schwerer vorstellen, wie man einzig durch das Gefühl etwas verstehen und wie man durch Zeichnen, Tanzen, Töpfern oder Singen Einsichten gewinnen kann. Einen Traum kann man sehr gut durch künstlerische Aktivitäten verstehen. Das hat C.G. Jung als erster bemerkt, der deswegen seine Patienten häufig malen ließ.

Bevor Sie beginnen, Ihre Traumbilder künstlerisch zu erfassen, sollten Sie sich Ihren Traum noch einmal meditativ anschauen, um sich auf ihn einzuschwingen. Dann beginnen Sie mit Ihrem künstlerischen Ausdruck. Beim Malen greifen Sie spontan zu den Farben, die sich Ihnen aufdrängen, und folgen Sie in der Farb- und Formgebung immer dem ersten Ihrer Impulse, ohne sich zu fragen, ob das nun auch ästhetisch gelungen wirkt. Versehen Sie Ihre Bilder mit Titel und Datum und verzeichnen Sie, auf welchen Traum sie sich beziehen. Wenn Sie sich später diese Bilder anschauen, können Sie diese als Landschaft Ihres Unbewußten betrachten und Veränderungen im Umgang mit Ihrer Gefühlswelt von ihnen ablesen. Werden Sie sich Ihrer Stimmungen beim Malen bewußt und benutzen Sie die fertigen Bilder als Meditationsgrundlage. Achten Sie bei diesen Bildern darauf, ob sich hier Traumhelfer eingestellt haben. Können Sie in Ihren Bildern Personen sehen, die Ihnen in der Lebensbewältigung helfen und gibt es dort hilfreiche Symbole?

Sie können Ihre Träume auch wie ein/e Schriftsteller/in bearbeiten: Eine Möglichkeit besteht darin, Ihren Traum als Märchen, als Erzählung oder als ein Buch zu einem Kinder-, Abenteuer-, Horror-, Fantasy- oder Science-Fiction-Film niederzuschreiben oder ihn zumindest aus einer dieser Perspektiven zu erzählen.

In der künstlerischen Umsetzung eines Traumes gibt es keine Begrenzungen, alle künstlerischen Hilfsmittel sind möglich. Wählen Sie zu Ihrem ersten gestalterischen Zugriff jenes Medium, in dem Sie sich am besten ausdrücken können.

Literatur zu diesem Abschnitt:

Ein hervorragendes Buch, das zur Ergänzung zu diesen Ausführungen gelesen werden kann, ist JAFFE, Aniela: C.G. Jung – Bild und Wort. Eine Biographie, (Walter Vlg.) Olten, Freiburg 1977. Dieses Buch dokumentiert die viel besuchte Helmhaus-Ausstellung zu Zürich, die anläßlich des 100. Geburtstages von Jung im Frühling 1975 veranstaltet wurde. Es führt in viele Aspekte der klassisch Jungschen Traumarbeit ein. Hier finden wir auch Patientenbilder und einige von Jungs eigenen Mandalas abgedruckt.

Zum Dialog mit den Traumpersonen sei der Klassiker der Gestaltpsychologie PEARLS, Frederic S.: Gestalttherapie in Aktion, (Klett-Cotta) Stuttgart 1976 empfohlen. Ein Buch voller praktischer Beispiele zu dieser Technik.

Wer sich ausgiebiger mit der malerischen Gestaltung eines Traumes beschäftigen möchte, dem seien folgende Bücher empfohlen:

RIEDEL, Ingrid: Farben, (Kreuz) Stuttgart 1984, von der gleichen Autorin: Formen, Stuttgart 1985 und von der ehemaligen Mitarbeiterin Jungs JACOBI, Jolande: Vom Bilderreich der Seele, (Walter) Olten, Freiburg [2]1985. Zur psychologischen Betrachtung der Farbe: VOLLMAR, Klausbernd: Farben. (Gräfe & Unzer) München [2]1992 und vom gleichen Autor: Schwarz – Weiß. (Goldmann Tb.) München 1992, ferner ist vom gleichen Autor ein Buch über die Psychologie der Farbe Rot im Verlag Edition Tramontane und eins über Weiß im Verlag Bruno Martin erschienen.

Beliebte Hilfsmittel der Traumarbeiter

Das Traumtagebuch

Wer systematisch mit seinen Träumen arbeiten möchte, der kommt nicht darum herum, ein Traumtagebuch zu führen. Das morgendliche Niederschreiben der Träume ist als wesentliche Integration der aus dem Unbewußten aufgestiegenen Bilder in das Bewußtsein anzusehen.

Die Sprache ist weitgehend vom Bewußtsein geprägt, der Traum ist ein Kind des Unbewußten, und nun werden beim Formulieren diese beiden gegensätzlichen Pole miteinander verbunden. In dieser Verbindung liegt schon ein wesentlicher therapeutischer Effekt: Es wird Unbewußtes und Bewußtes miteinander verschmolzen oder verwoben.

Indem Sie ein Traumtagebuch führen, haben Sie schon einen wesentlichen Schritt hin zum Verständnis Ihrer Träume unternommen. Sie können ein schwer beschreibbares Traumbild auch in Ihr Traumtagebuch zeichnen. Jede/r wird beim Führen des Traumtagebuches ab und zu in sprachliche Schwierigkeiten geraten. Das liegt darin begründet, daß der Traum oft keine logische Zeitabfolge besitzt und daß Traumbilder oft vielschillernd sein und sich gegenseitig ausschließende Eigenschaften aufweisen können. Versuchen Sie zuerst den sprachlichen Ausdruck, und wenn Sie das Gefühl haben, daß jener der Ergänzung bedarf, dann zeichnen oder malen Sie kurz das Traumbild mit Bleistift oder Buntstiften.

Wenn Sie in Lebensumständen leben, die es Ihnen ermöglichen, jeden Morgen Ihrem Partner Ihre Träume zu erzählen, kann dies die Tagebucharbeit ersetzen oder ergänzen, da Sie im Vollzug des Sprechens auch immer zugleich Ihren Traum mehr oder weniger verstehen.

Zur Technik des Traumtagebuches

Jeder erinnerte Traum sollte möglichst sofort nach dem Aufwachen niedergeschrieben werden. Sie sollten in Ihrem Traumtagebuch nicht nur vollständig erinnerte Träume niederschreiben, sondern auch einzelne Traumbilder, Gefühle und Gedanken, mit denen Sie aufwachten. All das, was Sie morgens beim Aufwachen empfinden und erinnern, ist zum großen Teil auf den Einfluß von Träumen zurückzuführen. Wenn Sie anfängliche Schwierigkeiten mit der Traumerinnerung haben, dann hilft es, in jedes Gefühl morgens nach dem Aufwachen hinzuhorchen und jede Stimmung und jedes noch so kleine Gefühl niederzuschreiben, da es ein Schlüssel zur vollständigeren Traumerinnerung sein kann.

Schreiben wir in Phasen, in denen wir keine Träume erinnern, jede morgendliche Regung gleich nach dem Aufwachen auf, werden wir bald wieder unsere Träume ausführlich und lebendig erinnern.

Zur Technik des Aufschreibens ist es wichtig, daß Sie die Träume ohne nachzudenken in der Weise notieren, in der sie Ihnen in den Sinn kommen. Deswegen ist es gut, schnell und zügig zu schreiben, da dann intellektuelle Erwägungen nicht Ihr spontanes Niederschreiben stören.

Wenn Sie Ihren Traum schriftlich festhalten, lassen Sie oben über jeden Traum eine Zeile als Überschrift-Zeile frei. Nachdem Sie Ihren Traum aufgeschrieben haben, geben Sie ihm eine Überschrift und versehen Sie ihn mit dem Datum. Man nimmt für gewöhnlich das Datum des Morgens, der auf die Nacht folgt, in der man diesen Traum geträumt hat. Auch wenn Sie einmal einen Traum ein bis zwei Tage später aufschreiben, wählen Sie das Datum des auf dem Traum folgenden Morgens.

Die Überschrift kann als eine Art knappe Zusammenfassung oder Essenz des Traumes angesehen werden. Indem Sie die Überschrift bilden, erfassen Sie Ihren Traum als Ganzes, und so kann die Formulierung der Überschrift als wichtiges Verständnis des Traumes angesehen werden.

Nachdem Sie Ihre Traumerinnerung so niedergeschrieben haben, wie Sie Ihnen einfiel, können Sie den Traum noch einmal geordnet und strukturiert formulieren.

Auf jeden Fall kommt es bis hierher darauf an, nur das Erinnerte aufzuschreiben und sich jeglicher Interpretation zu enthalten.

Zu jedem niedergeschriebenen Traum gehören die mit ihm verbundenen Gefühle hinzu, die wir nur zu leicht vergessen mit aufzuschreiben. Erst die mit einem Traum verbundenen Gefühle machen dem Träumer deutlich, wie der betreffende Traum zu verstehen ist.

Text der nebenstehenden Seite aus einem Traumtagebuch von Klausbernd Vollmar

(kursiver Text im Original mit Bleistift notiert)

Umbau Cley 10. Feb.93

Ich wohne in Haus, Brauerei, umgebaut. / Ich wohne in einem Haus ganz oben und dort soll umgebaut werden, so daß ich eine Terrasse bekomme, die auf die Brauerei schaut, welche auf der anderen Straßenseite liegt.

Es soll etwas oben = im Kopf verändert werden: mentale Konzepte. Öffnung zu mehr Genuß = Terrasse, deswegen schaut sie zur Brauerei. 1.) Genuß, Freizeit, Rausch. 2.) Was braut sich denn da zusammen?

Berg Cley 11. Feb.93

Schnee, Auto, Berg, anderes 3-Achsen-Auto, Umleitung, Volksfest. / Ich fahre einen Berg hinauf, auf der Straße liegt viel Schnee. Ich halte an, sehe unten eine andere Straße, auf der alte Autos fahren. Ein altes Auto mit 3 Achsen (2 hinten, 1 vorne) kommt an mir vorbei. Ich fahre den Berg hinunter. Unten ist ein Volksfest, viele Leute, und deswegen eine Umleitung (Skizze).

Der Überblick auf dem Berg. Ich fühle mich da oben frei, stark, gesund, offen. Es geht aufwärts. Schnee: Ich finde Schnee schön. Erinnert mich daran, mich nicht mit jedem Gefühl zu identifizieren. Alte Technik der Bewußtseinskontrolle: Auto mit 3 Achsen (3 = Vollkommenheit). Umleitung: Der direkte Weg ist nicht *immer* der beste. (Peer Gynt!).

Ferienlager Cley 11. Feb.93

Ich fahre mit Leuten in eine Urlaubsgegend und als wir mit dem Zug zurückfahren, sehen wir einen großen Speisesaal, an dem wir vorbeikommen. Dort ist für Massen gedeckt, aber es ist noch alles leer.

Ich fand den Speisesaal abstoßend, deprimierend. Meine Einstellung: 1.) Gegen die Touristen hier in Wells, wo wir gestern einen Ausflug hin unternahmen. 2.) Wie wichtig mir Kommunikation ist.

Begin(n) Cley 12. Feb.93

BEGIN tot, ich ← ER. / Ein Mann ist erschossen worden (?), stirbt in meinen Armen, dreht sich sterbend mir zu. Er verwandelt sich in einen Hund, der sein Vater ist. Das alles ist eher lustig als grausig! Der Mann heißt BEGIN.

Neuanfang, der Mann in mir, der wie mein Vater ist, stirbt. Begin → Beginn = Neuanfang. Dieser Vater-Mann in mir stirbt, das ist auch nicht traurig. Hund: Durch das Sterben der Männlichkeit meines Vaters in mir Zugang zum Tierischen, zur Wildheit. Auch hündisch??

(Das Tagebuch fährt fort, rechts nicht mehr abgebildet:)

Hochhaus / See Cley 13. Feb.93

Ich befinde mich in einem Hochhaus und sehe einen zugefrorenen See. Gut fühle ich mich! Unten laufen die Leute Schlittschuhe.

Erinnert mich an Neujahr in Köln bei Joachim. Auch Traum vom 11.2. »Berg«, der Überblick, und in »Umbau«, 10.2., bin ich auch ganz oben. Also Überblick, keine Panik, du bekommst die ganze Arbeit schon geschafft: Spielerisch wie das Schlittschuhlaufen. Das Spielerische kommt von unten, aus Erdung. Wasser erstarrt zu Eis, der Gedanke erschreckt mich: Erstarrung.

Traumtagebuch (Auszug)

Umbau — Chg 10. Feb. 93

Ich wohne im Haus, Brauerei, umgebaut

Ich wohne in einem Haus ganz oben und dort soll umgebaut werden, so daß ich eine Terasse bekomme, die auf die Brauerei schaut, welche auf der anderen Straßenseite liegt.

Es soll etwas oben = im Kopf verändert werden: mentale Konzepte. Öffnung zu mehr Genuß = Terasse, deswegen schaut sie zur Brauerei 1.) Genuß, Freiheit, Rausch 2.) was braut sich denn da zusammen?

Berg — Chg 11. Feb. 93

Schnee, Auto, Berg, anderes 3 Achse-Auto, Umleitg. Volksfest

Ich fahre einen Berg hinauf, auf der Straße liegt viel Schnee. Ich halte an, sehe unten eine andere Straße, auf der alte Autos fahren. Ein altes Auto mit 3 Achsen (2 hinten, 1 vorne) kommt an mir vorbei. Ich fahre den Berg hinunter. Unten ist ein Volksfest, viele Leute, und deswegen eine Umleitung.

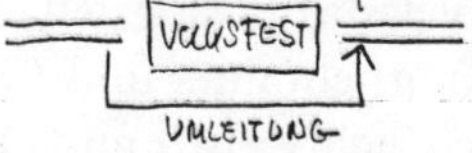

Der Überblick auf dem Berg. Ich fühle mich da oben frei, stark, gesund, offen. Es geht aufwärts. Schnee: ich finde Schnee schön. Erinnert mich daran, mich nicht mit jedem Gefühl zu identifizieren. Alte Technik der Bewußtseinskontrolle: Auto mit 3 Achsen (3 = Vollkommenheit). Umleitg.: Der direkte Weg ist nicht immer der Beste (Per Gynt!)

Ferienlager — Chg 11. Feb. 93

Ich fahre mit Leuten in eine Urlaubsgegend und als wir mit dem Zug zurückfahren, sehen wir einen großen Speisesaal, an dem wir vorbeikommen. Dort ist für Massen gedeckt, aber es ist noch alles leer. Ich fand den Speisesaal abstoßen, deprimierend. Meine Einstellung 1.) gegen die Touristen hier in Wells, wo wir gestern einen Ausflug hin unternahmen 2.) wie wichtig mir Kommunikation ist.

Begin [m] — Chg 12. Feb. 93

BEGIN tot, ich ⟵ ER

Ein Mann ist erschossen worden (?), stirbt in meinen Armen, dreht sich sterbend mir zu. Er verwandelt sich in einen Hund, der sein Vater ist. Das alles ist eher lustig als grausig! Der Mann heißt BEGIN Neuanfang, der Mann in mir, der wie mein Vater ist, stirbt. Begin → Beginn = Neuanfang. Dieser Vater-Mann in mir stirbt, das ist auch nicht traurig. Hund: Durch das Sterben der Männlichkeit meines Vaters sei mir Zugang zum Tierischen, zur Wildheit. Auch hündisch??

Wenn man nun alles aufgeschrieben hat, kann und soll man noch ein paar Sätze zu seinem Traumverständnis anfügen. Bei den meisten Menschen, die ein Traumtagebuch führen, entsteht während des Beschreibens eines Traumes auch dessen Verständnis. Diese Interpretation sollte notiert werden, um dann später noch einmal darauf zurückgreifen zu können, wenn man mehrere seiner Träume im Zusammenhang deuten möchte.

Allgemeine Symbollexika

Falls Sie ein Symbol Ihres Traumes nicht verstehen, kann es sinnvoll sein, sich in allgemeinen Symbollexika oder besser noch in speziellen Traumsymbol-Büchern Anregungen zu holen. Allerdings müssen Sie eines immer dabei im Auge behalten: Jedes allgemeine Symbollexikon kann nur die Bedeutungsgeschichte wiedergeben, die das spezielle Symbol bereits erworben hat. Die persönliche Wahrnehmung und Bedeutung dieses Symbols, die von Ihrer persönlichen Sichtweise und Lebenssituation abhängt, kann solch ein Lexikon nicht berücksichtigen. Dennoch gibt es Ihnen ein Spektrum wieder, in denen auch Ihr persönliches Symbol angesiedelt sein kann.

Sie werden wahrscheinlich nur solche Ihrer Traumsymbole nachschlagen, die Ihnen fremd sind, und gerade hier erwarten Sie Anregungen, die der Komplexität Ihrer Träume entsprechen. Es ist sicherlich wenig sinnvoll, solch ein Lexikon als Nachschlagewerk für die Bedeutung der eigenen Träume in der Weise zu benutzen, daß man mechanisch die hier angeführten Erklärungen in seinen Traum einsetzt und dann meint, seinen Traum endlich verstanden zu haben. Die in einem Symbol- oder Traumsymbollexikon angegebenen Deutungen sollten als Anregungen, vielleicht im Sinne einer Komtemplations- oder Meditationsvorgabe, angesehen werden. Sie sind die Hilfsmittel, die einer/m zum Verständnis des eigenen Traumes verhelfen können, sie bieten aber niemals das Traumverständnis frei Haus.

Ein gutes Traumsymbollexikon sollte Sie auch auf die unterschiedlichen Bedeutungsebenen und auf die in einem Symbol verbundenen widersprüchlichen Aspekte aufmerksam machen.

Die Erstellung eines persönlichen Traumsymbolbuches

Da jegliches Traumsymbol auch die Färbung des Träumers besitzt, der dieses Symbol träumt, ist es sehr sinnvoll, sich ein *persönliches* Traumsymbollexikon zu erstellen. Solch ein Lexikon besitzt den Vorteil, daß wir uns schnell über ein Traumsymbol informieren können und zugleich dabei sehen, in welchen Zusammenhängen dieses Traumsymbol in unseren Träumen schon einmal aufgetaucht ist. So bekommt dieses Symbol eine persönliche Dimension.

Die Voraussetzung zur Erstellung eines eigenen Lexikons der Traumsymbole besteht in der regelmäßigen Führung eines Traumtagebuches. Wenn wir einen Traum in unserem Traumtagebuch notieren, können wir die in ihm auftretenden wichtigsten Symbole in unser zu erstellendes Lexikon eintragen. Dieses Lexikon legen wir alphabetisch an. Wer es sich leicht machen möchte, benutzt dazu ein dickeres Adreßbuch mit Alphabet, in das er unter dem betreffenden Buchstaben seine Traumsymbole täglich einträgt. So wächst dieses Lexikon beständig mit den erinnerten Träumen und wird immer komplexer.

Was trägt man nun in dieses Lexikon ein?

Man trägt zunächst einmal das spezielle Symbol mit seiner Hauptbedeutung stichwortartig ein und dann das Datum und den Titel des Traums, in welchem dieses Symbol vorkam.

Falls eindeutige Vorausdeutungen im Zusammenhang mit einem Symbol auftreten, sollte dies noch kurz vermerkt werden.

Ich selber trage noch stichwortartig ein, was ich durch Suchen oder Zufall in anderen Symbolbüchern finde, wenn es mich emotional berührt. Für diese Eintragungen benutze ich den Kugelschreiber, während ich die auf meinen Träumen beruhenden Eintragungen mit Bleistift schreibe. So kann ich auf einem Blick erkennen, was persönlich aus meinen Träumen stammt und was ich von anderen Autoren übernommen habe. Dieser letzte Schritt ist allerdings keineswegs notwendig, um seine persönlichen Träume besser zu verstehen.

Wie in meinem Traumtagebuch lese ich auch ab und zu im Symbollexikon meiner Träume. Besonders wenn ich es vor dem Einschlafen durchblättere, scheinen meine Träume mir altbekannte Symbole lebendig in neuen Zusammenhängen darzustellen.

Literatur zu diesem Abschnitt:

Zur Symbolik möchte ich besonders das Buch von Kast, Verena: Die Dynamik der Symbole. Grundlagen der Jungschen Psychotherapie, (Walter) Olten, Freiburg 1990 empfehlen, das in die Theorie der analytischen Arbeit mit den Symbolen einführt. Sehr nützlich ist auch das Taschenbuch von Rosenberg, Alfons: Einführung in das Symbolverständnis. Ursymbole und ihre Wandlungen, (Herder) Freiburg ^{2}1985. Neben einer knappen und dennoch sehr guten Einführung in die Symbolik werden hier einige Ursymbole besprochen.

Als umfangreiches modernes Traumsymbollexikon sei von Vollmar, Kb.: Handbuch der Traum-Symbole. (Königsfurt Vlg.) Königsförde ^{2}1993 empfohlen, das rund 2000 Traumsymbole in ihren unterschiedlichen Aspekten aufführt und sehr praktisch ausgerichtet ist.

Gelebte Träume
Traumdeutung und Lebensträume

In fast allen Sprachen besitzt das Wort »Traum« eine schillernde Bedeutung, welche die Nachtträume ebenso einschließt wie die Tagträume und die Wachfantasien. Vom flüchtigen, vorbeischwebenden Traumbild bis zum wegweisenden, leitbildhaften Lebenstraum – die Spannbreite dessen, was wir als »Traum« zu bezeichnen pflegen, ist sehr groß. Das Wort »Traum« umschreibt Welten zwischen *Illusion und Vision* und beschränkt sich keineswegs allein oder zuerst auf die Träume während des nächtlichen Schlafes.

Der Traumdeutung eröffnen sich wichtige neue Anwendungsbereiche, wenn wir die Regeln der Deutung der Nachtträume auf die der Wunsch-, Wach- und Lebensträume übertragen. *Die Wünsche und Träume, die wir für unser Leben haben, werden damit deutbar, deutlich.* Die Erfüllung unserer Träume und Wünsche bleibt nicht einfach dem Schicksal oder dem Zufall überlassen, ist nicht mehr allein eine Frage persönlicher Anstrengung oder bewußter Planung. »Glück ist keine Glückssache«, sondern es ist an hervorragender Stelle dadurch bestimmt, daß wir unsere Träume, unsere Wünsche und Ängste richtig zu deuten und praktisch anzupacken verstehen.

Ziele der Traumdeutung

Als erwünschte Konsequenz der Traumdeutung wurden und werden im allgemeinen die Ausweitung der Traumerinnerung und die verbesserte Deutung der Trauminhalte angesehen. So verstanden, ist das Ziel der Traumdeutung, *daß wir mehr und besser träumen.*

Wenn wir aber ins Gebiet der Traumdeutung auch die Tag- und Wunschträume miteinbeziehen, so erkennen wir, daß wir oftmals zu unserem Nachteil zuviel träumen!

Gelebte Träume sind die schönsten Träume, wenn wir damit erreichen, daß wichtige Wunschträume sich erfüllen und wesentliche Angstträume erledigt und aufgehoben werden. Gelebte Träume sind aber auch die festesten oder hartnäckigsten Träume, wie ein Schlaf, eine Nacht oder ein Film, welche auch am Tage, im Wachen nicht enden wollen. – In diesem letzteren Sinne liegt das Ziel der Traumdeutung nicht darin, mehr zu träumen, sondern umgekehrt in der Perspektive, die Augen zu öffnen, sich der eigenen Traumhaftigkeit bewußtzuwerden – und *mehr und besser* nicht zu träumen, sondern *zu leben!*

Ein praktisches Beispiel: Ein junger Mann – Ende 20, von Beruf Verkaufsleiter – kam mit seinen Träumen bewußt in Kontakt, als er sich scheiden ließ (der Fall wird auch auf S. 10 angesprochen). Er erinnerte sich erstmals wieder an Träume, die er in seiner Jugend gehabt hatte (u. a. auf dem Lande zu leben und Musik zu machen). Diese Traumziele wären für sein Leben beinahe verloren und vergessen gewesen, wenn nicht durch die besonderen Umstände der Aufhebung seiner Ehe eine neue Sensibilität bei ihm bestanden hätte. Er setzte vieles von seinen Jugendträumen *jetzt* in die Tat um – er wechselte den Wohnsitz und zog aufs Land, er schloß sich einer Musikgruppe an und richtete seine Lebenswelt neu ein. »Von den Bildern und Postern, die jetzt an der Wand hängen, bis zu dem, was ich einkaufe und wie ich esse: Es ist unglaublich«, so berichtete er, »was sich alles ändert, wenn man seine Träume beachtet und seinen Gefühlen folgt«. Er erkannte, daß es ihm guttat, (seine) Träume ernstzunehmen, und daß ihm in Vergangenheit einfach der Zugang zu seinen Träumen gefehlt hatte. Im selben Zeitraum änderte sich dieses: Er hörte auf, viel Zeit vor dem Fernseher zu verbringen und schränkte seine beruflichen Überstunden ein. Auch seine Lust am Naschen ließ sichtbar nach. »Das waren meine faulen Träume«, erklärte er, »ich bin froh, daß ich sie los bin«.

Lebensträume deuten – aber wie?

Zunächst treffen wir zwei grundverschiedene Voraussetzungen bei den Lebensträumen an: Einmal sehr klare, festgelegte Traumziele; man möchte einen bestimmten Beruf ergreifen, eine Beförderung erreichen, eine bestimmte Zahl von Kindern haben, gewisse Abenteuer oder Mußestunden erleben usw. Daneben Lebensträume, die als solche unscharf, wenig umrissen sind, die zwar Planungen beinhalten, aber keine eigentlichen Ziele kennen.

Häufig sind es Veränderungen und Irritationen im Tagesgeschehen, die auf eine solche Ziellosigkeit hinweisen. Eine besondere Chance stellen in diesem Zusammenhang Träume dar, die ausdrücklich auf Undefiniertes und Unscheinbares hinweisen, wie im Falle einer Hausfrau, Mitte 30, die in einer wichtigen Lebensetappe nachts immer wieder von einem großen Grau (einer großen grauen Fläche) träumte. Grau ist die Farbe des noch Unbewußten und Undefinierten, eine unbunte Mischfarbe, in der das Helle mit dem Dunklen vermengt ist. Grau steht für die Verbindung von Gegensätzen, aber auch für eine Grenzsituation. Die Träumerin meditierte neun Tage lang immer wieder über das Grau aus ihrem Traum. Dann entschied sie sich, ein Traumtagebuch anzulegen: »Mir ist eines klargeworden«, erzählte sie, »ich muß mehr darüber wissen, was ich eigentlich will« (vgl. dazu unten: »Durchs Tor der Schatten«).

Im Falle der festgelegten, klar definierten Lebensträume besteht die Deutungsarbeit darin, alle vorhandenen Erfahrungen und persönlichen Möglichkeiten zu überprüfen: Ist ein bestimmtes Traumziel eine sinnvolle Vision, eine aussichtsreiche Utopie, die auch gegen alle Widerstände zu verteidigen lohnt, oder handelt es sich dabei um eine Illusion, um einen Fetisch, d. h. um einen symbolischen Ersatz?

Diese Frage führte im Falle einer Sozialpädagogin, Mitte 30, zu einer recht verblüffenden Antwort. Sie hatte einen großen Traum: Sie wollte für 1–2 Jahre in Portugal leben. – Dieser Traum machte sie glücklich, er beflügelte sie und gab ihr Vorfreude auch an schlechten und innere Wärme auch an kalten Tagen. Sie hatte zu seiner Realisierung schon einiges praktisch in die Wege geleitet, und in einem sechswöchigen Urlaub sollte die endgültige Entscheidung fallen. Dieser Urlaub aber gestaltete sich wider Erwarten unbefriedigend. Eine berufliche Krise und sogar eine Fehlgeburt schlossen sich an. Was war nun mit ihrem Traum: Aus und vorbei? Eine Illusion, ein Irrtum?

Es brauchte einige Zeit (etwas mehr als 2 Jahre), viel Selbstbeobachtung und etwas psychologische Beratung, um die Antwort zu finden: Der Traum war weder ein Trugbild noch in Irrtum; er hatte vielmehr die sehr wichtige Funktion erfüllt, alle persönlichen Energien zu bündeln und zu aktivieren. Nur war der Traum ein *Symbol* gewesen. Das gewünschte Glück stellte sich nicht ein, wenn er als bare Münze genommen, sondern nur, wenn er in seiner symbolischen Bedeutung verstanden wurde.

Für die betreffende Person kristallisierten sich dabei im wesentlichen drei symbolische Ebenen des »Lebens in Portugal« heraus: (1) Sehnsucht nach *Sonne*. Sonne bedeutet als Traumsymbol u. a.: Schöpferische

Energie, Bewußtsein, Lebensmitte, (Sonn-) Tag. Seit alters ist die Sonne ein Vatersymbol, aber mitunter auch ein Symbol des Sohnes (vgl. den Gleichklang von dem »Sohne« und der »Sonne«). – (2) Erinnerung an *Emanzipation.* Nach Portugal waren ihre ersten selbständigen Reisen gegangen. Hier hatte sie materielle Sorglosigkeit, persönliche Unabhängigkeit und sexuelle Bestätigung erlebt. – (3) Leben am *Meer*: Als Traumsymbol bedeutet das Meer u.a. Gefühl, Urkraft, Gewalt, Nahrung, Uranfang und Neubeginn; kollektives Unbewußtes und »ozeanische Gefühle«; Sehnsucht nach Freiheit und Unabhängigkeit; oft steht Meer symbolisch auch für »mehr«.

Zusammengefaßt ergab sich in dem konkreten Fall folgendes: Die Träumerin wünschte einen Neuanfang, suchte nach den Wurzeln ihrer Gefühle und ihrer persönlichen Selbständigkeit (Emanzipation). Es ging für sie *im übertragenen Sinne* darum, »einen Platz an der Sonne« zu finden, wo insgesamt »mehr« Lebensenergie, Wärme und Freude vorhanden, wo ungelöste Vaterprobleme (fehlender Vater) aufgehoben und der Weg in die Mitte (zur eigenen Mitte und schöpferischen Kraft) offen sein sollten.

Sie verstand die Wucht ihres Traumes und der nachfolgenden Ereignisse als »Beweis« dafür, daß sie die Dinge ihres Lebens mehr selbst in die Hand nehmen sollte. Ihre Aufarbeitung der Traumerfahrungen war begleitet von einem Umzug von West- nach Süddeutschland, der Geburt eines Sohnes und der Eröffnung eines Kleingewerbes. Der Traum hatte »Recht« behalten: Sie sollte ihr Leben anderswo und auf verändertem Niveau neubeginnen. Doch ihr »Portugal« lag geografisch in der Nähe von Singen, Hohentwiel.

Zur Symbolik typischer Motive aus Lebensträumen

Wie in Janosch's Bildergeschichte »Oh, wie schön ist Panama«, so hat jede/r ein Panama oder Portugal, ein persönliches Paradies – oder er/sie sollte es haben! Ohne reale Ideale, ohne ein ernsthaftes Traumziel bleiben die besten seelischen Energien und praktischen Talente ungeweckt, ungenutzt oder unkoordiniert. Wir müssen »nur« für uns selber wissen, was der betreffende »Große Traum« wirklich bedeutet – damit wir keinem Fetisch nachlaufen und damit wir erkennen, wann und wie ein wesentliches Ziel erreicht ist.

Das folgende KLEINE ABC VON TRAUMZIELEN möchte Sie anregen, Ihre Lebensträume (besser) zu verstehen, zu beherzigen und zu verwirklichen.

Abenteuer: Als Lebenstraum sowohl ein wirklicher Wunsch wie häufig auch eine Kompensation, möglicherweise eine Abwehr gegen das Bedürfnis nach Ruhe und Beschaulichkeit. Oft Ausdruck einer tieferen Zerrissenheit, die entweder Abenteuer und Aktion *oder* Gemütlichkeit und Zuhausesein kennt. Die Wortbedeutung gibt hier jedoch einen wichtigen Lösungshinweis: »Abenteuer« (adventure/aventure) leitet sich u. a. von »Ankunft« (adventus) ab. Wenn der Traum vom großen Abenteuer dazu führt, daß wir zur Mitte, zur Mitte der schöpferischen Kräfte in und um uns finden, dann erreichen wir beides zugleich – Abenteuer und Ankunft.

Alter/Altwerden: Der Wunschtraum, (sehr) alt zu werden, drückt sowohl das Bedürfnis aus, viel zu erleben oder viel zu erreichen, als auch eine berechtigte oder aber unberechtigte Angst vor dem Sterben. Wie der Sensemann im Märchen, so deutet der Tod als Traumthema ebenfalls nicht nur auf Ende und Abschied hin, sondern auch auf Ernte und Fruchtbarkeit: »Was willst Du ernten in diesem Leben?« Je sinnvoller die Antwort auf diese Frage ausfällt, um so klarer tritt der Wunsch nach einem langen Leben in seiner wahren Kraft hervor, ohne daß wir den unvermeidlichen Verschleiß, die Zeitlichkeit und die Erneuerung aller Kräfte verdrängen, fliehen und leugnen müßten. Vgl. Stichwort »Unsterblichkeit«.

Anerkennung: Der Traum von großer Anerkennung hat in der Regel viele Komponenten, zum Beispiel Geltungsstreben, die Furcht vor Ablehnung (Angst, abgelehnt zu werden, und Angst, jemanden abzulehnen), zuviel oder zuwenig Selbstverständlichkeit in der Zustimmung zu sich selbst.

Angstlosigkeit: Angst stammt wörtlich von *angustus*, d. h. »eng«. Zu enge Vorstellungen (von einer bestimmten Person, vom Leben insgesamt usw.) sind ein Hauptfaktor der Angst, neben der Empfindung, »in die Enge« getrieben zu werden. Gleichzeitig ist jeder wirkliche Anfang, jede persönliche Änderung oder Verwandlung davon begleitet, daß uns bewußtwird, wie sehr (bisherige) Vorstellungen und Verhältnisse sich (inzwischen) als zu eng erweisen. Wie im Märchen »Von einem, der auszog das Fürchten zu lernen«, erscheint es uns keineswegs nur wünschenswert, jede Angst zu verlieren. Es gibt sinnvolle und sinnlose Ängste. Wenn Angstlosigkeit die Freiheit von unnötigen oder sinnlosen Ängsten bedeuten soll, ist es notwendig, sich ganz »eng« an das eigene Gewissen zu halten.

Atlantis: Verlorenes Land; verheißenes Land. Das, womit Sie schwangergehen. Die »traumhaften« Möglichkeiten, welche Sie in sich tragen, auch Ihre versunkenen Wünsche oder Talente, die aus großer Ferne zu Ihnen sprechen. Atlantis und andere sagenhafte Bezugspunkte unserer Träume zeigen durch ihre große Entfernung mitunter auch eine besonders große Diskrepanz zwischen Wunsch und Wirklichkeit bei dem oder der Betreffenden an.

Berühmtheit: Zum Lebenstraum, berühmt zu sein oder – indirekt – Berühmtheiten zu begegnen, siehe unter »Anerkennung«.

Chef/Chefin: »Einmal Chef sein« – ein für jede und jeden notwendiges Traumziel, wenn es bedeutet, »Herrscher« oder »Herrscherin« im eigenen Leben zu sein. Ein illusorisches Traumziel, falls es für einen Mangel an Unter- oder Einordnung, an Hingabe oder Vertrauen steht. Möglicher Ausdruck von Unterlegenheitsgefühlen oder einer besonderen Vater-Prägung. Siehe auch unter »Geltung« und »Reichtum«.

Eigenheim: Sie wünschen sich Heimat und Geborgenheit, streben aber auch nach Abnabelung und seelischer Eigenständigkeit. Haben Sie auch Schwierigkeiten damit, bei sich selbst zuhause zu sein, oder Widerstände dagegen, sich für andere zu öffnen? Achten Sie auf die Art des Hauses, das oft ein Bild der eigenen Identität wiedergibt.

Einklang: Dieses Motiv der Lebensträume mag der Furcht vor Konflikt und Auseinandersetzung entspringen und steht nicht selten für das bewußte oder unbewußte Bedürfnis nach verstärkter Abgrenzung. Darüber hinaus drückt es jedoch eine starke Zuwendung zur eigenen Person in ihrer Ganzheit (Einklang mit sich selbst) aus sowie eine besondere Zuneigung zu Mitmenschen und Umwelt. Finden Sie heraus, welche Interessen und Leidenschaften davon profitieren, wenn die gewünschte Eintracht erreicht wird.

Erlösung: Eines der klassischen Lebenstraumziele – in vielen Religionen bekannt und in vielen »weltlichen« Formen weiterhin lebendig, zum Beispiel in Form von Therapien oder Karrieren. Obwohl christliche Erlösungsvorstellungen zahlreichen Vorwürfen ausgesetzt sind, z. B. dem der Vertröstung auf ein besseres Leben nach dem Tode, und obwohl ihr Stellenwert im heutigen Leben insgesamt zurückgegangen ist, darf dennoch nicht übersehen werden, daß nach christlicher Vorstellung bereits mit der *Taufe* das Lebensziel Erlösung erreicht ist, also schon am Anfang des Lebens. Diese Vorstellung unterscheidet sich wohltuend von allen Konzepten, für die das ganze Leben mehr als Prüfung oder sonstwie als zu erbringende Vorleistung für eine sich anschließende Erlösung betrachtet wird. Wenn ein Wunsch oder ein Lebenstraum aber *nur* aus dem, was noch nicht ist, aus dem Mangel allein heraus geboren wird, besitzt er schlechte Chancen zu seiner Erfüllung. Immer muß das Gewünschte schon in Ansätzen, Spuren oder Keimen *vorhanden* sein, sonst wären wir nicht einmal in der Lage, den Wunsch danach zu entwickeln.

Als persönlicher Lebenstraum gleicht der Wunsch nach Erlösung oft einer großen Passion – einer besonderen Leidenschaft oder aber Leidensbereitschaft. Prüfen Sie, wovon Sie sich lösen und wofür Sie etwas lösen möchten.

Erleuchtung: Manchmal mit dem Lebensziel der Erlösung gleichzusetzen; manchmal auch Kennzeichen eines unbegründeten Wunderglaubens, andererseits aber der Ernsthaftigkeit, mit der eine größere Dimension des Lebens angestrebt wird. – Der Erfüllung dieses großen Wunsches nützt alles, was die seelischen Energien in Bewegung hält, insbesondere die Aufklärung und Aufhebung der persönlichen Wünsche und Ängste.

Familie: Die Form der Familie kann verschieden ausfallen, das Zusammenleben in einer Gemeinschaft aber zählt (genauso wie auf der anderen Seite das Streben nach Selbstverwirklichung) zu den Grundinstinkten des Menschen. In und mit einer Familie zu leben bedeutet als Lebensziel daher zugleich den Wunsch nach einer Lebenssituation, worin die Grundinstinkte gewahrt und gepflegt werden. Im übrigen stellt die Familie oder die Lebensgemeinschaft auch einen Spiegel für die Vielfalt und die Einheit der Seelen dar, so daß der Wunsch nach Familie auch als Ausdruck des Wunsches nach einem intakten Seelenleben (zunächst besonders innerhalb der eigenen Person) verstanden werden muß.

Freundschaft: Sehnsucht nach sozialem Kontakt, Liebe und Hilfe, Wunsch nach Verbindung zu (unbekannten) Aspekten der eigenen Persönlichkeit. Vgl. a. »Einklang« und »Familie«.

Frieden: Dieser große Traum kann direkt oder indirekt durch akute Kriegserfahrungen geprägt sein, die sich möglicherweise mit persönlichen Schwächen (z. B. Angst vor Auseinandersetzung) und Stärken (z. B. Fähigkeit zum Mitgefühl) verbinden. In der Symbolik stellt der Frieden einen »himmlischen« Zustand dar, was u. a. bedeutet, daß der Frieden – eine gewisse Ausgeglichenheit der Aggressionen – den geistigen Bereich (Himmel, Luft) betrifft. Die Sehnsucht nach Frieden stellt daher auf persönlicher Ebene oft einen Wunsch nach geistiger Ruhe und *Zufriedenheit*, nach ungestörter Entwicklung eines mit sich selbst und der Welt einigen Bewußtseins dar.

Garten: Der Garten ist ein Inbegriff der Verbindung von Natur und Kultur. Auf den Menschen übertragen, symbolisiert er die (geglückte) Einheit von Sinn und Sinnen, von Sinnhaftigkeit und Sinnlichkeit. Als Lebensraum und Lebenstraum verkörpert der Garten daher Einfriedung der Natur und Erdung des Geistes, Fruchtbarkeit und Vollständigkeit der persönlichen Entwicklung. Als Wunsch drückt er vorhandene Stärken oder Defizite in diesen Fragen aus.

Geld: Einer der verbreitetsten Lebensträume ist der vom großen Geld. In der Traumsymbolik verweist »Geld« jedoch nur im Ausnahmefall auf tatsächlich ökonomische Hoffnungen und Ängste, in der Regel vielmehr auf bestimmte persönliche Bedürfnisse oder Probleme. »Geld« ist das häufigste und allgemeinste Sexualitäts- und Machtsymbol, für einige moderne Psychoanalytiker daher auch Potenzsymbol.

Der Traum vom Geld ist als Lebensthema auf mehreren Ebenen zu deuten: (1) Als Spiegel, d. h. als Gegensatz und Ergänzung unserer Erfahrungen in der Liebe. – (2) Als Ausdruck des Strebens nach Anerkennung und Geltung (vgl. u.). – (3) Als indirekter Ausdruck der Suche nach unseren wahren Talenten. Denn immerhin war das »Talent« in der Antike zunächst ein Geldstück (Taler und Dollar stammen von diesem Wort ab), und als Potenzsymbol betrifft Geld nicht nur die sexuelle Kraft, sondern in jeder Hinsicht das praktische Vermögen, befriedigende Resultate zu erzielen. »Talent« im übertragenen, heute geläufigen Sinne von Begabung und Befähigung ist also mitgemeint, steht oft dahinter, wenn wir vom *Geld* träumen. Unser Talent gleicht dem sprichwörtlichen Gold, das auf der Straße liegt, aber zunächst aussieht wie eine unscheinbare Münze. Geld-Träume verweisen insoweit auf die Notwendigkeit, das eigene Talent ausfindig zu machen und ins Spiel zu bringen. – (4) Oft handeln die Träume aber auch davon, vor allem *mehr* Geld besitzen zu wollen. In diesem Falle ist das Geld nicht an bestimmte Wünsche, Bedürfnisse oder Talente gekoppelt, sondern der *unbestimmte* Wunsch, »mehr« zu verdienen oder zu verbrauchen, macht deutlich, daß es hier um unbekannte Wünsche geht. Die Traumdeutung besteht in diesem Falle darin, herauszufinden, welche Wünsche, Bedürfnisse und Talente persönlich wirklich von Bedeutung sind. – (5) Im übrigen verweist Geld allgemein auf Erfolg und Sicherheit. Wägen Sie immer alles ab und planen und durchdenken Sie immer jede Situation? Haben Sie Angst, die Kontrolle über sich und die Situation zu verlieren? Oftmals zeigt Ihnen dieses Traumbild, daß Sie sich dem Leben (mehr) öffnen und Ihre Lebendigkeit, mit aller Wildheit und allem Chaos bejahen sollten.

Geltung: Der Wunsch nach Geltung entwickelt sich oft in Abhängigkeit von einer Berührungsangst: Je größer der Widerstand, mit bestimmten Seiten des Lebens in Berührung zu kommen, desto größer das Geltungsstreben (vgl. Stichwort »Anerkennung«). Eine glückliche Erfüllung des Bedürfnisses nach Geltung setzt voraus, daß wir uns des Werts der persönlichen Individualität bewußtwerden und daß wir einen Maßstab besitzen, der eigene und andere Bedürfnisse miteinander verbinden kann.

Gerechtigkeit: Auf die Frage der Bedürfnisse bezieht sich auch das nächste Motiv der großen Lebensträume. Denn »Gerechtigkeit« betrifft als Traumsymbol weniger ein abstraktes Prinzip oder den konkreten Ablauf eines Justizfalles, als vielmehr die Frage, wie den Bedürfnissen der Seele Gerechtigkeit widerfährt. Gerechtigkeit steht symbolisch für die Fähigkeit, im persönlichen Leben unterschiedliche Interessen »richtig« zu beurteilten und entsprechend zu behandeln. Der Wunsch nach Gerechtigkeit bedeutet daher in der Regel die Suche nach den wahren Bedürfnissen; er bewirkt und benötigt eine (weitere) Klärung des persönlichen Selbstverständnisses: Was wiegt im Leben? Wo komme ich her, wo will ich hin? Was ist dafür wichtig und richtig?

Gesundheit: Wie bei »Gerechtigkeit«, »Geld« und besonders »Alter«, so ist auch dieses große Lebensziel nicht allein aus sich selbst heraus verständlich, sondern in seiner symbolischen Bedeutung oft Stellvertre-

Lebensträume I

Lieblingsträume / Streßträume

1.

Welches war in der Kindheit Ihr Lieblingsmärchen?

Welches Märchen könnte heute Ihr Favorit sein?

Welches Märchen kommt Ihnen besonders logisch und einleuchtend vor,

welches dagegen besonders unglaubhaft und wenig überzeugend?

2.

An welchen Traum erinnern Sie sich am besten?

Gibt es Träume – von Ihnen oder von anderen –, die Sie besonders beeindruckt haben oder beeindrucken?

Was an Ihren Träumen möchten Sie besser verstehen?

3.

Sie haben drei Wünsche frei, was wünschen Sie sich?

(1) ....

(2) ....

(3) ....

ter für anderslautende Ziele. Hinter »Gesundheit« können sich zum Beispiel Ziele wie Schmerzfreiheit und Unbesiegbarkeit verbergen, also eine Tendenz, die Schmerzen, Schwächen und Schwierigkeiten des Lebens auszuklammern, statt anzunehmen und aufzuheben. Wenn »Gesundheit« zum Beispiel zur Vermeidung von Krankheit bedeuten soll, dann fehlt ein positiver Begriff davon, wofür wir unsere Kräfte in diesem Leben einsetzen möchten (vgl. Stichwort »Alter«). Geeignete (Lebens-) Aufgaben wecken all unsere Kräfte und entwickeln sie, indem sie sie verbrauchen. Vgl. unter »Lebensaufgabe« und »Unsterblichkeit«.

Gold: Siehe Stichworte »Geld« und »Sonne«.

Gott: »Gott« zu finden, war und ist *der* große Lebenstraum im Christentum und in anderen Religionen. Viele religiöse Erfahrungsberichte handeln davon, wie dieser Traum wahr wurde. In der »Gegenwart Gottes« leben, entspricht in religiöser Auffassung dem Maximum einer menschenmöglichen Entwicklung. Dahinter verbirgt sich ein enormer Glücksanspruch, eine besondere Bedürftigkeit oder aber Befähigung zum Glück. – Nach psychoanalytischer Auffassung steht dieses Traumziel in der Regel in Verbindung mit »ödipalen« Problemen. Die Suche nach »Gott« kann in diesem Sinne eine Haßliebe zum eigenen Geschlecht und eine übermächtige Bindung an das andere Geschlecht zum Inhalt oder zur Begleiterscheinung haben.

Harmonie: Siehe »Einklang«. Gefährlich als Verneinung von Widersprüchen, bedeutend und erheblich als Suche nach innerer Harmonie, einem einheitlichen Bewußtsein und der *unitas*, der persönlichen »Einheit mit Gott und der Welt«.

Haus: Siehe »Eigenheim« und »Geld«. Darüber hinaus ein Symbol dessen, was wir insgesamt in unserem Leben aufbauen und wie wir uns selbst gestalten wollen. Als Lebenstraum bedeutet dieses Motiv auch unseren Wunsch danach oder unsere Schwierigkeit damit, im übertragenen Sinne Architekt und Baumeister des eigenen Lebens zu sein.

Heiligung: Siehe »Gott«.

Heilung: Siehe »Gesundheit«.

Lebensträume II

Wünsche und Ängste

Wenn ich meine Träume betrachte…

…Was habe ich erfahren?

……………………………………………………

…Worauf kann ich mich verlassen?

……………………………………………………

…Welche Früchte sind jetzt reif?

……………………………………………………

…Welche Resultate fehlen mir noch?

……………………………………………………

…Welche Wünsche machen mich stark?

……………………………………………………

…Und welche schwächen mich?

……………………………………………………

…Welchen Ängsten will ich mich stellen?

……………………………………………………

…Und welchen besser ausweichen?

……………………………………………………

…Welche Ziele haben sich bewährt, welche nicht?

……………………………………………………

…Wo liegen meine Hindernisse, was paßt nicht mehr zu mir?

……………………………………………………

…Wie kann ich mir Hilfe für meine Vorstellungen holen, wie meinen Wünschen Nachdruck verleihen?

……………………………………………………

Insel: Die einsame Insel und die Insel der Träume sind Symbole der Schönheit unseres Selbst und der persönlichen Freiheit. Diese Insel schiebt sich naturgemäß besonders dann in den Mittelpunkt unserer Träume, wenn wir uns entweder zu sehr von anderen isoliert oder zuwenig auf uns selbst verlassen haben. Wie »Atlantis«, ein Ausdruck der Sehnsucht nach dem »ganz Anderen«.

Jugend: Sehnsucht nach Neubeginn; Weigerung, einen Lebensabschnitt tatsächlich abzuschließen; symbolisiert die persönliche Aufgabe, einen Platz in der Welt zu finden, worin die eigene Person ihr Wesen verwirklichen kann. Siehe auch »Alter«, »Gesundheit«, »Kinder«.

Kind/er: Entweder ein sehr positives Traumziel, das neue Möglichkeiten anzeigt, oder ein Hinweis auf unseren Widerstand gegen Reife und Vollendung. Kind und Kinder verkörpern Wesensteile von uns, die erwachsen werden wollen. Das »innere Kind« wartet darauf, abgeholt und geliebt zu werden. Es wartet freilich auch darauf, erzogen zu werden!

Bei Frauen, nicht selten aber auch bei Männern, liegt hier ein konkreter Wunschtraum vor. Auch Symbol der schöpferischen Mitte oder der Kontinuität des Lebens. – Kind und Kinder können nach Freud entweder die eigene Person darstellen oder auch das eigene Genital. Sicherlich trifft es noch heute zu, daß wenn ein Erwachsener vom Kind träumt, immer auch regressive Tendenzen mitspielen. Allerdings sollten wir nicht aus den Augen verlieren, daß die »Rückeroberung der eigenen Kindlichkeit« auch ein positiver Prozeß sein kann, der uns im Alter wieder lebendig und auch erotisch werden läßt. Das Traumsymbol des Kindes hängt immer mit der Lebenskraft, der Daseinsfreude und so auch mit der Sexualität zusammen. Vgl. Stichwort »Wiedergeburt«.

Lebensaufgabe: Zu diesem Traumziel zunächst eine Vorbemerkung: Begriffe wie Lebensaufgabe, Berufung, Karma, Lebensziel usw. sind im heutigen Gedankengut weniger verbreitet als noch vor einigen Jahrzehnten. Das ist auch gut, weil diese seinerzeit mit diversen religiösen oder weltanschaulichen Vorurteilen belastet waren. Trotzdem ist es aber so, daß alles Lebendige sich stets in eine bestimmte *Richtung* entwickelt, wie zahlreiche Biologen, Psychologen und Philosophen ausgeführt haben. Wie ein Fluß, so braucht auch die Seele ein gewisses Energiegefälle, eine bestimmte Spannung oder Zielgerichtetheit, damit sie lebendig und fließend bleibt. In diesem Sinne sind Lebensträume, Lebensziele und eben auch Lebensaufgaben nichts anderes als ein Lebens-

Lebensträume III

Selbstbeschreibung

Der Spruch des Alten Zauberers (von Seite 15) lautete zuletzt:

....

Was er mir zuletzt mit auf den Weg gab, ist folgendes:

....

Wenn ich mich selbst beschreiben sollte, würde ich folgendes sagen:

Ich bin ....

Ich bin nicht ....

Und ich bin auch ....

Was ich an mir überhaupt nicht verstehe ....

Worauf ich bei mir mächtig stolz bin ....

Das Schlimmste, das mir eine/r sagen könnte, ist ....
....

Das Herrlichste, das mir eine/r sagen könnte, ist ....
....

Das Ehrlichste, das mir eine/r sagen könnte, ist ....
....

Mit einem Wort ....

(Darunter: eigene Unterschrift ....)

entwurf und eine große Perspektive, die dazu geeignet sind, auch auf lange Sicht unser Seelenleben und unser persönliches Wachstum beweglich und frisch zu erhalten. – Lebensaufgaben sind in der Regel Aufgaben von solcher Wichtigkeit und solchem Umfang, daß wir tatsächlich eine ganze Lebensspanne benötigen, um die uns hier gesteckten Ziele zu verwirklichen. Für die großen Lebensaufgaben läßt sich *nicht* mehr zwischen Weg und Ziel unterscheiden. Der bekannte und bedeutende Spruch »Der Weg ist das Ziel« hat seine volle Berechtigung gerade in Zusammenhang mit unseren persönlichen Lebensaufgaben.

Alle scheinbaren Verrücktheiten, Unwahrscheinlichkeiten und Unmöglichkeiten unserer Träume sollten auch unter dem Aspekt gesehen werden, was sie über unser höchsteigenes Talent aussagen, dessen Kristallisationspunkt die *Lebensaufgabe* ist.

Darüber hinaus sind vielfach wiederkehrende Traumbilder mit bestimmten Berufen, Situationen oder Handlungen bekannt, die im konkreten Fall jeweils ein Symbol der persönlichen Lebensaufgabe darstellen. Beachten Sie aber auch, daß der Traum von der großen Lebensaufgabe von den Schwierigkeiten künden kann, sich auf den Augenblick, das Ungeplante und »Unwichtige« einzulassen. Eine sinnvolle und geeignete Lebensaufgabe bringt alle Seiten der Persönlichkeit, viele Aspekte des Augenblicks ins Spiel. Die *Lebensaufgabe* ist die andere Seite, die notwendige Ergänzung unserer *Lebensträume*.

Liebe: Man sehnt sich nach Liebe. Aber man fürchtet sich vielleicht auch heimlich davor, lieben zu können und/oder geliebt zu werden. Achten Sie besonders darauf, welche Eigenschaften, Gefühle und Umstände zu Ihrem Traumbild der Liebe dazugehören. Denn selbstverständlich können auch ganz andere Ziele – wie zum Beispiel Macht, Angst, Besitz, Befreiung usw. – sich hinter dem Traum von der großen Liebe verbergen. – In irgendeiner Weise hängt der persönliche Inhalt von »Liebe« sicherlich stets damit zusammen, daß es einem/r in einer elementaren und weitreichenden Weise *gutgeht*, daß »es« fließt. Frieden und Befriedigung gehören dazu, ebenso die Selbst-Bestätigung und die fundamentale Erfahrung des Anderen. – »Liebe, die vorwiegend nach persönlicher Übereinstimmung und Gleichartigkeit sucht, wird immer wieder zu Enttäuschungen führen, weil die bisher nicht wahrgenommenen Schattenseiten des anderen vorwiegend als trennende Unterschiede erlebt werden. Umgekehrt eröffnet sich uns ein wirkliches Paradies der Liebe, sobald der Unterschied, nämlich die Originalität jedes/r Beteiligten als Basis, als notwendiger Spannungsabstand genommen wird.« –

»Ein wunderbares Zusammenleben kann entstehen, wenn die Menschen es erreichen, den Abstand zwischen einander zu lieben, denn nur so können sie einander ganz betrachten und vor dem Hintergrund eines weiten Himmels« (Rainer Maria Rilke). – »Wenn Sie einen Menschen suchen, mit dem Sie in jeder Hinsicht übereinstimmen, der Sie in jeder Frage versteht usw., dann gibt es dafür nur eine/n: Sie selbst. – Um sich selbst zu finden, brauchen Sie zwar Partner. Denn durch Vergleichung und Unterscheidung wird die eigene Beschaffenheit deutlich. Aber – andere zur Ergänzung oder zur Selbstfindung zu brauchen und andere als solche zu lieben, das ist ein himmelweiter Unterschied. Probieren Sie ihn aus.«

Macht: Wie Liebe, Sex und Geld, so gehört auch Macht zu den bedeutenden und verbreitetsten Lebensträumen. Als Traumsymbol gibt »Macht« Ausdruck von bestimmten Problemen mit der Selbst-Beherrschung und der Selbst-Bestimmung. *Selbst-Beherrschung* soll hier vor allem als die Kunst, für sich selbst zu herrschen, Herrscher oder Herrscherin im eigenen Reich zu sein, Dinge selbst zu bestimmen und zu bewirken, verstanden werden.

Bis in unserem Innern die wichtigsten Interessen zu einem Ausgleich und zu einem gleichberechtigten Dasein gefunden haben, solange fällt es nach außen, im Zusammenleben mit anderen schwer, tatsächliche Gleichberechtigung zu praktizieren; das Eigengewicht der eigenen oder einer anderen Person wird vernachlässigt.

In Traumszenen aus betrieblichen und sonstigen *Hierarchien* sowie in Szenen von sexueller Dominanz und Unterwürfigkeit kann sich die tiefere Suche nach einem persönlichen Koordinatensystem, nach den Bezugspunkten des eigenen Lebens äußern. Sadismus und Masochismus gehören in diesen Themenbereich; sie erfordern viel »Liebe und Gerechtigkeit«, einschließlich Selbstliebe und Selbstkritik, damit die Fähigkeiten zu Selbst-Herrschaft und zu Selbst-Bestimmung sich entwickeln können.

Naturschutz: Als Traumsymbol bedeutet die Natur stets ein doppeltes: Die äußere Natur (Lebensumfeld, Ökologie); andererseits die innere Natur (Wesensart, persönliche Beschaffenheit). Die eine Ebene kann stellvertretend für die andere in Erscheinung treten. Die Sorge um den Erhalt von Grünflächen, um den Erhalt der Artenvielfalt usw. kann stets auch ein Symbol für den persönlichen Wunsch danach sein, daß die innere Natur grünt und in ihrer vielfältigen Art wächst und gedeiht. Umgekehrt zeigt die therapeutische Erfahrung ebenso, daß viele seelische Ängste und Sorgen um das eigene Wohlbefinden in Wahrheit als Ausdruck der Sorge, der Anteilnahme an bedrohlichen Entwicklungen in der Außenwelt zu verstehen sind.

Ordnung: Neben bekannten und notwendigen Kritiken an »preußischem« oder »teutonischem« Ordnungwahn und Zwangscharakter gibt es dennoch viele gute Gründe für den Traum von großer Ordnung. Etwas in Ordnung zu bringen, ist in mannigfaltiger Form Inhalt vieler Träume. Die Hinweise zu den Stichworten »Einklang«, »Frieden« und »Erlösung« sind hier gültig. Die Produktivität des Individuums besteht darin, sich selbst zu erschaffen und die Dinge der Welt in Ordnung zu bringen.

Paradies: Eventuell Flucht vor Schwierigkeiten oder Ausdruck infantiler Wünsche. Jedoch auch Streben nach einem Bewußtsein, das mit »Gott und der Welt« im Klaren und bei sich selbst angekommen ist. Aufhebung des Verdrängten, bewußter Umgang mit dem Unbewußten: »Für einen, der nicht versteht, sind Berge Berge. – Für einen, der zu verstehen beginnt, sind Berge nicht mehr Berge. – Für einen, der versteht, sind Berge wieder Berge« (Zen-Spruch).

Prominenz: Siehe Stichwort »Berühmtheit«. Möglicher Ausdruck von Minderwertigkeitsgefühlen oder aber der Selbstanmaßung. Hinweis darauf, daß Sie nach der *Bedeutung* Ihrer Person in der Welt fragen. Die Suche nach Bedeutung findet jedoch ihre Antwort darin, daß wir für die Dinge unseres Lebens erkennen und benennen können, was diese für uns bedeuten.

Rache/Vergeltung: Diese stellen de facto wesentliche und verbreitete Lebenstraummotive dar, die nicht unbedingt nur den »niederen Beweggründen« zuzuordnen sind. Ein positiver Aspekt der Rache und Vergeltung ist das Streben nach *Wiedergutmachung*, worin die positiven Seiten der Stichworte »Ordnung«, »Wiedergeburt« und »Erlösung« mitspielen können. Auf der anderen Seite drücken diese Traumziele selbstverständlich auch die Unfähigkeit, zu verzeihen und die Vergangenheit abzuschließen, aus. – Ein anderer Aspekt dieser Ziele liegt in der Aggression, für die der Wunsch nach Rache oder Vergeltung oftmals nur der willkommene Anlaß, das Ventil darstellt. *Aggression* im Traum, sei es in aktiver oder passiver Form, kann unter folgenden Aspekten verstanden werden.

(1) Ihr Traum kann bedeuten, daß Sie sich von Gewalt oder Rohheit übermäßig *bedroht* fühlen. In diesem Falle ist es wichtig, sich selbst besser zu behaupten und die eigenen aggressiven Impulse vermehrt auszuleben. Diese werden erst dann gefährlich, wenn Sie sie ganz zu leugnen versuchen. Der Eindruck von Bedrohung und Angst kann allerdings auch eine Folge der Neigung zu Selbstbestrafung oder Selbstquälerei sein.

(2) Neben der Bedrohung kann sich in Ihrem Traum auch eine besondere *Faszination* von Gewalt oder Aggression äußern. Möglicherweise werden Sie dadurch auf einige selbstzerstörerische Aspekte Ihres Verhaltens aufmerksam. Die Traumsymbolik könnte jedoch zu einer Selbstkritik einladen. Sind Sie wirklich so friedlich, charmant und heiter, wie Sie es von sich gerne glauben möchten? Können nicht gerade auch in »lieben und netten« Verhaltensweisen überaus aggressive Züge enthalten sein? Gegenüber der offenen oder der heimlichen Faszination von Gewalt und Aggression kommt es darauf an, einen positiven, bewußten Begriff der eigenen Stärke und Schönheit zu entwickeln: Die eigene Aggressivität und Zielstrebigkeit nicht gegen andere, sondern *für sich* einzusetzen, damit Sie Ihre Bedürfnisse wirklich befriedigen und Ihren Alltag dementsprechend organisieren können.

(3) Grundsätzlich deuten die Themen Rache und Vergeltung sowie Gewalt und Aggression auf alte (seelische) Wunden sowie auf wesentliche Lektionen des Lebens, die man entweder schon oder noch nicht gelernt hat. Hier gilt es genau zwischen zerstörerischer Grausamkeit und heilsamer Unmittelbarkeit zu unterscheiden.

Reichtum: Ausdruck der Sehnsucht nach (oder auch der Angst vor?) einem vollen und lebendigen (Seelen-)Leben. Reichtum und Geld (vgl. dazu oben) hängen im Traum immer mit psychischen Energien zusammen. Eventuell warnen sie vor falscher Bescheidenheit oder vor illusorischen Erwartungen. Ihr Dasein und Ihre persönliche Eigenart sind Ihr größter Reichtum. Ob und wie Sie mit der Welt umgehen, Ihr Eigenes bewahren und einbringen, – das macht den entscheidenden Unterschied aus. »Vieles war nicht nötig / und gerade das wäre das Nötigste gewesen« (Edith Vahrenhorst).

Sättigung: Hunger und Durst bedeuten in der Symbolik einen Mangel an körperlicher, geistiger und seelischer Nahrung. Umgekehrt bedeutet das große Ziel von Sättigung, Befriedigung und Satisfaction die Aufhebung eines entsprechenden Mangelzustandes.

Sauberkeit/Säuberung/Reinigung: Vgl. die Stichworte »Ordnung«, »Erlösung« und »Wiedergeburt«. Auch als eine Form der Berührungsangst und des *Geltungsstrebens* zu verstehen (vgl. dazu oben).

Selbstfindung: Sehnsucht nach einem anderen Alltag. Bewußtsein von den Schätzen und Reichtümern der eigenen Person. Möglicherweise Widerstand gegen Hingabe und Vertrauen zu anderen. Warnung vor Egozentrik und vor Unverständnis gegenüber den spirituellen Seiten des Daseins. »Kaum eine Lebensäußerung ist dabei alltäglich, gewöhnlich und marginal genug, um dem quasi-therapeutischen Zugriff zu entgehen. ›Früher hat man vielleicht bisweilen gemalt, getanzt, Musik gemacht oder gekocht, heute macht man eine Mal/Tanz/Musik oder Kochtherapie... (Eine) gnadenlose Okkupation des Banalen..., folglich findet der Interessierte Seelenworkshops für's Luftholen (Bewußt atmen), für's Gucken (Frei blicken) und, als Krönung, für's aufrechte Gehen und Stehen (Wie widerstehe ich der Schwerkraft)‹, soweit die Kommentatorin einer Alternativzeitschrift. Noch der Spott drückt jedoch die Sehnsucht nach einem anderen Alltag aus: ›Früher hat man...‹ Ja, früher schien manches selbstverständlicher. Und der Wunsch, daß es ›wieder‹ einfach und selbstverständlich sein möge, ist berechtigt, und mehr noch: Dieser Wunsch ist *der* Motor dafür, daß man nicht das ganze und auch nicht das halbe Leben in Therapien oder nur auf der Suche verbringt. Solange das alte Selbstverständnis nicht mehr trägt und ein neues noch nicht vorhanden ist, das ja nur daraus entsteht, daß man sich in der Welt *selbst versteht*, solange aber ist eine Übergangssituation gegeben, in der gerade das Alltägliche neu eingeübt wird.«

Schmerzfreiheit: Einerseits ein berechtigter und aus sich selbst verständlicher Wunschtraum. Andererseits verweist Schmerz im Traum wie im sonstigen Leben auf die Notwendigkeit der Trauer, der Heilung oder des Neubeginns. (Nur) in diesem Sinne sind Schmerzen nicht nur unvermeidlich, sondern sogar sinnvoll, und (nur) in diesem Sinne stellt der Wunsch nach Schmerzfreiheit ein ungeeignetes bzw. schädliches Traumziel dar.

Sex: Oft Ausdruck unerfüllter Wunschvorstellungen auf sexuellem Gebiet oder Wünsche und Ängste, die aus ganz anderen Lebensbereichen herrühren. Auf der Subjektstufe Symbol der Verbindung, der tiefen Kontaktaufnahme mit sich selbst. Die männliche und die weibliche Seelenseite, animus und anima, verbinden sich im Träumer bzw. in der

Träumerin. – Sexualität im Traum weist oft auf die Geheimnisse des Lebens wie Geburt, Hochzeit und Tod hin (Liebe, Tod und Teufel). Stärkstes Kreativitätssymbol im Traum. Dabei ist der sexuelle Höhepunkt *auch* ein Gleichnis, ein Beispiel dafür, wie wir – in jedem Bereich des Lebens – alle persönliche Kraft und Lust sammeln, im Brennpunkt des jeweiligen Augenblicks konzentrieren und einsetzen können.

Sonne: Vgl. dazu die Ausführungen im vorstehenden Text am Beispiel des »Portugal«-Traumes (s. S. 95 f.)

Supermann/-frau: Solche Wunschtraumziele drücken, was naheliegt, unreife Allmachtsvorstellungen aus, die immer die Kehrseite von kindlichen Ohnmachtsgefühlen sind. Sie geben Hinweise auf antiquierte Ideale und unerfüllte Lebensziele des oder der Träumenden. Die Zeit der Helden ist vorbei. »Es ist so leicht, ein Held zu sein, und so schwer, ein Mensch im Alltag« (E. Cassirer). Allerdings können sich in verborgener Form in diesem Traumziel Sehnsüchte nach Heilung, Ganzheit und existentieller Betroffenheit ausdrücken, die in früheren Zeiten ihre religiösen Ausdrucksformen hatten (z. B. in der Suche nach »Unmittelbarkeit zu Gott«), für die heute neue, zeitgemäße Wege gefunden werden können.

Unbesiegbarkeit: Vgl. das vorhergehende Stichwort sowie »Schmerzfreiheit«. In diesem Traumziel äußern sich vor allem Allmachtswünsche sowie – verblüffenderweise – eine *Angst davor, Sieger/in zu sein.* Ein wahrer Kern dieses Wunschtraumes besteht aber darin, daß jeder Mensch etwas Einzigartiges verkörpert, etwas Unüberwindliches und Unerreichbares, das nicht seinesgleichen hat.

Unsterblichkeit: Ewigkeit ist ein anderes Wort für eine bleibende Einmaligkeit. Sie ist weniger eine Frage des Glaubens als der Fähigkeit, ein bestimmtes, einmaliges Leben zu führen und fruchtbar zu machen. Das bedeutet praktisch, den Tod weder zu verdrängen noch sich ihm auszuliefern. Darüber steht vielmehr die Berufung zur persönlichen Freiheit und zur Fruchtbarkeit eines gewollten und geliebten Lebens, das sich im doppelten Sinne des Wortes seiner *Einmaligkeit* bewußt ist.

Umweltschutz: (1) Innere Beschäftigung mit realen Problemen und Aufgaben des Alltags. – (2) Traumbild für »innere Umweltverschmutzung«, d. h. für seelische Belastungen und Unklarheiten. – (3) Symbol für das Bedürfnis, die Umwelt nach eigenen Interessen (mit) zu gestalten; wie wir unsere Umwelt sehen, ist auf der symbolischen Ebene ein Ausdruck für die Verwirklichung oder Nichtverwirklichung komplexer persönlicher Bedürfnisse und (Trieb-)Wünsche.

Wiedergeburt: Bedürfnis nach Neuanfang *in* diesem Leben. Auch: Ausdruck eines Wiederholungszwanges oder der Schwierigkeiten mit einem wirklichen Wandel. Wesentliche Wünsche und Ängste, Schuldzuweisungen und Selbstvorwürfe müssen immer wieder durchgespielt und durchgearbeitet werden, bis der Keller der Vergangenheit und das Firmament der Zukunft geklärt und gereinigt sind. Erst dann bedeutet Wiedergeburt die Entdeckung einer neuen Lebensqualität, eine Transformation der alten.

Zeit: Der große Wunsch und Traum, »genug« Zeit zu besitzen, ist einmal im Zusammenhang mit den Stichworten »Unsterblichkeit« und »Alter« zu sehen. *Zeit* ist freilich immer vorhanden; sie zu besitzen und über sie zu verfügen, aber ist eine Frage des Bewußtseins und der Persönlichkeit. So offenbart der Wunsch nach »mehr« Zeit einen Mangel an Persönlichkeit oder einen zu engen Horizont des Bewußtseins. Dieses Traumziel läßt sich jedoch erreichen, wenn wir (mehr) zum Regisseur bzw. zur Regisseurin im eigenen Leben werden.

Durchs Tor der Schatten

Zu den bemerkenswerten Stationen auf dem Weg mit und zu unseren Lebensträumen gehören die seelischen Grenz- und Extrembereiche. Diese Grenzfälle treten praktisch nicht selten als besonderes Chaos in Erscheinung. Auf geistiger Ebene zeigen sie sich als blendendes Weiß oder als Vakuum, und in unseren Träumen, im Seelenleben als *schwarze Nacht*.

Wenn die Seele »schwarz« sieht, gilt dies üblicherweise als Alarmsignal. Es ist und es bleibt auf der einen Seite tatsächlich ein Zeichen von großer Bedrohung, Angst oder Ausweglosigkeit, wenn die Seele sich verfinstert, wie ein Spiegel, der dunkler und dunkler wird. Hier ist sofortige Hilfe nötig.

Es gibt jedoch *zusätzlich* völlig anders gelagerte Gründe für die Erfahrung der schwarzen Seelennacht. Die Seele wird im allgemeinen mit einem Spiegel verglichen. Ein Spiegel aber kann nur solche Ereignisse reflektieren, von welchen er bereits ein Bild, einen Eindruck erhalten hat. Auch und gerade das scheint der Psyche als dunkel, was alle ihre bisherigen Ahnungen *übersteigt*, was ihre vorherigen Bilder, ihre Vorbilder übertrifft. Genau in dieses Neuland, das noch »kein Auge geschaut« hat, bewegen wir uns, wenn wir uns seelisch verändern.

Wo unser Leben neue Bereiche oder neue Dimensionen erreicht, wo wir jedes Vorbild oder jede Vorahnung hinter uns lassen, da muß die Seele *nachkommen*, um am neuen Ort neue Eindrücke zu sammeln und zu neuen Bildern zu verdichten. *Diese* schwarze Nacht der Seele ist nicht ihr Tod, sondern ihre Auferstehung, ihr Neubeginn, ihr Übergang in ein gewandeltes Zuhause.

Wo wir offen werden für neue seelische Realitäten, die jenseits unserer Erwartungen und Vorerfahrungen liegen, da werden wir neu geboren. Wir entdecken neue, unbekannte Seiten an uns und an anderen. Damit jedoch wird die »schwarze Nacht der Seele« zum Grenzfall der Traumdeutung. *Bis* zu dieser Grenze kann die Traumdeutung wegbereitend unserer seelischen Entwicklung vorarbeiten. Sobald aber die Grenze ins seelische Neuland überschritten wird, eilen die Träume nicht mehr voraus, wie bisher, sondern erst müssen neue praktische Erfahrungen vorhanden sein, die sich in neuen Träumen nachbilden und verarbeiten lassen.

Da, wo wir durchs »Tor der Schatten« gehen, passieren wir eine entscheidende Wendemarke der Traumdeutung: Träume zu haben, heißt nicht mehr nur, sich etwas zu wünschen, etwas noch vor sich zu haben, vom Leben eben etwas zu erträumen. Träume zu haben, heißt nun zusätzlich auch, sich etwas gewünscht und es erreicht zu haben, vom Leben etwas erträumt und errungen zu haben; *einen traumhaften Alltag auszuleben*, der auch nachts noch nachschwingt und im Traume nachklingt.

Traumdeutung als Lebensentwurf

Jede Traumdeutung mißt sich an der Lebenspraxis; dort wird letztlich greifbar, wieweit bestimmte Erklärungen und Deutungsmuster tragen. Wie verhält es sich aber mit der Deutung unserer großen Lebensträume? Einzelne, begrenzte Träume können wir deuten. Bei den Träumen, Wünschen und Zielen aber, die wir für ein ganzes Leben, für die gesamte Lebensspanne besitzen, entspricht der Deutungszeitraum der Lebenszeit! Je umfangreicher und wirksamer die Traumdeutung, umso mehr wird sie zum Lebensentwurf, umso mehr ist die Lebensdeutung. *Lebensdeutung* aber ist eine neue Form des Glaubens; sie setzt Wissen und Bewußtsein voraus, sie »glaubt« an Zusammenhänge und Gewißheiten, welche auf benennbaren Erfahrungen und nachvollziehbaren Deutungen beruhen. Diese neue Form des Glaubens ist nicht Ersatz, sondern Folge von Wissen und Erfahrungen.

Ob unsere Lebensentwürfe stimmen, können und müssen wir immer wieder prüfen; und dazu eignet sich nichts besser, als die konsequente Deutung unserer (Lebens-) Träume. Gerade bei unseren wichtigen und maßgeblichen Träumen aber heißt, sie zu deuten, zugleich, sie zu leben. Darum geht es und das ist damit gemeint – jenseits bloßer Wunschträume und aller traumartigen Besessenheiten –, wenn es heißt:

Gelebte Träume sind die besten Träume.

Nachsatz: Etliche Traumdeutungsbücher, die in den letzten Jahren und Jahrzehnten entstanden sind, haben die Meinung verbreitet, Träume vom Fliegen und Fallen seien »klassische« Träume, die schon von Freud und anderen Vätern der modernen Traumdeutung ausführlich bearbeitet worden seien. Bei dieser Auffassung handelt es sich jedoch um eine Legende. Freud selbst hat die Flugträume zwar unter der Überschrift »Typische Träume« behandelt, aber zugleich dazu angemerkt: »Ich verhehle mir aber keineswegs, daß ich für diese Reihe von typischen Träumen eine volle Aufklärung nicht erbringen kann. Mein Material hat mich gerade hierbei im Stiche gelassen (...) Wer sich darüber wundert, daß ich trotz der Häufigkeit gerade der Träume vom Fliegen, Fallen (...) u. dgl. mich über Mangel an Material beklage, dem bin ich die Aufklärung schuldig, daß ich an mir selbst solche Träume nicht erfahren habe, seitdem ich dem Thema der Traumdeutung Aufmerksamkeit schenke (...)«.

Sigmund Freud äußerte sich also nur spärlich zu Deutung und Inhalt der Flugträume. Wenn diese dennoch in den Traumdeutungsbüchern seit den 1960er Jahren als »Klassiker« gelten und Gegenstand zahlreicher Untersuchungen sind, so liegt das nicht in Freuds Vorarbeiten begründet, sondern vielmehr darin, daß die 1960er Jahre – dieselbe Zeit, die der Psychologie und damit auch der Traumdeutung einen wahren Siegeszug, eine massenhafte Verbreitung ohne Beispiel bringen sollte – zugleich auch eine Zeit waren, in der das Fliegen und Fallen für die Menschen von neuer Brisanz und Bedeutung wurde. Die späten 1960er

Jahre erlebten die erste Betretung des Mondes (siehe dazu S. 125). Ins Leben *»geworfen«* zu sein – das war *der* Schlüsselbegriff des Existentialismus gewesen. »Geworfen« zu sein und sich als »Riders on the storm« (Sturmreiter) zu erleben, »Entwürfe« zu machen (gesellschaftliche Reformen und »mehr Demokratie wagen«) – dies alles und anderes mehr beschreibt den Zeithintergrund des Anbruchs einer *neuen Etappe der Traumdeutung*, die deshalb viele Menschen erreicht und bewegt, weil sie auch Lebensentwurf und Lebensdeutung wird.

Literaturangaben
zu diesem Kapitel

BÜHLER, Charlotte: Wenn das Leben gelingen soll. Psychologische Studien über Lebenserwartungen und Lebensergebnisse. (Knaur Tb) München 1972

DETHLEFSEN, Thorwald: Schicksal als Chance. (Goldmann Tb) München ^{3}1981

BÜRGER, Evelin/FIEBIG, Johannes: Tarot – Wege des Glücks. (Königsfurt Vlg.) Königsförde 1993

FIEBIG, Johannes: Eine Selbsterfahrungsgeschichte, in: E. Bürger & J. Fiebig (Hrsg.): Tarot-Calender 1994. (Éditions Trèves) Trier 1993

FREUD, Sigmund: Die Traumdeutung. Verschiedene Ausgaben

FREUD, Sigmund: »Selbstdarstellung«. Schriften zur Geschichte der Psychoanalyse. (Fischer Tb) Frankfurt a. M. 1971

JUNG, C. G.: Traum und Traumdeutung. (Dtv) München 1990, darin v. a. Jung's Aufsatz von 1961 »Symbole und Traumdeutung«, S. 7–87

KEYSERLINGK, Linde von: Naschen, trödeln, träumen... Die tiefere Bedeutung von »Unarten« – Möglichkeiten der Verständigung mit Kindern. (rororo Tb) Reinbek 1980

LAUSTER, Peter: Lebenskunst. Wege zur inneren Freiheit. (rororo Tb) Reinbek 1984

VOLLMAR, Klausbernd: Mann-Werden. Ein Traum, in: Rodrigo Jokisch (Hrsg.): Mann-Sein (...) in der heutigen Zeit. (rororo Tb) Reinbek 1982, S. 176ff.

Anhang

Die häufigsten Fragen aus meinen Traumworkshops

Sagen mir meine Träume, wie ich mich im Wachleben verhalten soll?

Träume geben niemals genaue Anweisungen, indem sie einer/m wie ein Oberlehrer sagen: »Tue dieses oder jenes«. Sie zeigen jedoch alternative oder typische Verhaltensweisen auf und machen Vorschläge. Es hängt vom Träumer ab, wie er mit diesen Impulsen umgeht. Alles, was Sie an positiven Ansätzen in Ihren Träumen bemerken (und jeder Traum ist voller positiver Ansätze!), sollten Sie in Ihrem alltäglichen Leben zu leben versuchen. Das Ziel der Traumarbeit liegt in der Umsetzung der Traumlehre in Ihrem Wachleben. Letztendlich möchte jeder Traum gelebt oder aber beendet werden, und er nimmt Ihnen nicht die Arbeit ab, herauszufinden, wie seine Umsetzung konkret aussieht.

Muß ich mich mit jedem meiner Träume beschäftigen?

Die Beschäftigung mit jedem Traum wäre ideal, ist jedoch meist nicht durchführbar. Setzen Sie sich nicht unter Druck. Die Traumarbeit soll ja kein zusätzlicher Streß-Faktor in Ihrem Leben werden, sondern Sie zu einem glücklicheren Leben hin befreien. Allerdings in Situationen großen Leidensdrucks hilft es sehr, sich mit jedem seiner Träume eingehend auseinanderzusetzen.

Wie kann ich die Träume für mein alltägliches Leben nutzen?

Zunächst kann ich mit Hilfe meiner Träume meine bestehenden Einstellungs- und Handlungsmuster erkennen oder neue Handlungs- und Einstellungsmuster vorgeschlagen bekommen. Jeder Traum besitzt einen positiven Kern. Arbeiten Sie diesen heraus. Nun formulieren Sie ein oder zwei klar umrissene Aufgaben, wie Sie im Wachleben die Lehre Ihres Traums konkret umsetzen werden.

Probieren Sie die vom Traum vorgestellten neuen Verhaltensweisen aus. Erkennen Sie neue Seiten an sich, die Sie ausdrücken sollten. Bemerken Sie Ihre Hoffnungen, Erwartungen und Fähigkeiten, und versuchen Sie diese in Ihre Lebenspraxis umzusetzen.

Wie soll ich mit überwältigenden Angst- bzw. Alpträumen umgehen?

Am besten stellt man sich sogleich nach dem Aufwachen diesen Traum im Detail vor. Versuchen Sie noch einmal in die Angst hineinzugehen und dann Ihren Traum zum Guten zu wenden. Bedenken Sie immer, daß die Angst, die Sie im Traum erkennen, viel weniger gefährlich ist, als Ängste, die sich Ihrem Bewußtsein nicht mitteilen. Eine Angst, die sich dem Bewußtsein durch den Alptraum zeigt, bietet sich Ihnen zu deren Auflösung an. Wenden Sie also all Ihren Willen dazu auf, sich diesen Angsttraum noch einmal, aber mit einer positiven Lösung für Sie, vorzustellen. Normalerweise gelingt das.

Alp- bzw. Angstträume sollten nie verdrängt, sondern immer sofort bearbeitet werden.

Soll ich die Träume anderer deuten?

Wenn man Freunden oder Bekannten deren Träume erklärt, sollte man sich selbst genau zuhören, da solche Erklärungen deutlich die eigenen Projektionen wiedergeben. Dem Träumer hilft diese Erklärung wenig, da am Verständnis des Traums wesentlich der emotionale Prozeß der Deutungsfindung beteiligt ist. Der kann keiner/m abgenommen werden.

Sind Träume vorausdeutend?

Es sind wahrscheinlich mehr Träume vorausdeutend, als wir landläufig annehmen. Solche Vorausdeutungen sind jedoch entgegen der Volksmeinung oft nicht besonders wichtig für den Träumer. Relativ selten wird der Träumer vor Unheil gewarnt. Viel häufiger treten weitgehend banale Vorausdeutungen auf.

Echte Warnträume sind daran erkennbar, daß sie oft überscharfe Bilder aufweisen, den Träumer tief emotional bewegen und so deutlicher und länger erinnert werden als alle anderen Träume.

Werden uns Träume von höheren Wesen eingegeben?

Ich nehme an, daß die sogenannten höheren Wesen ein Bild für halbbewußte und unbewußte Kräfte in uns selbst darstellen. Diese Kräfte speisen unsere Träume mit Energie. Alles, was im Innen wirkt, kann personifiziert und auf die Außenwelt projiziert werden. Diese Projektion kann sehr sinnvoll sein, da sie einer/m lebendig die inneren Spannungen wie auf einer Bühne vorführt.

Welche Rolle spielt die Sexualität im Traum?

Jeder Traum besitzt eine sexuelle Ebene, aber die sexuelle Deutung allein erschöpft selten einen Traum. Real erlebte Sexualität im Traum ist häufig als Sehnsucht nach Ganzheit und als Verbindung mit einer wenig gelebten Seite des Träumers oder der Träumerin zu deuten.

Träumen wir farbig?

Die meisten Träume sind farbig. Frauen erinnern häufiger farbige Träume als Männer, da in der Frauenwelt die Farbe eine wichtigere Rolle als in der Männerwelt spielt. Wenn Sie farbig träumen, stellt die Farbe selbst immer einen besonders wichtigen Hinweis dar.

Neue Perspektiven Wandlungsaspekte der Traumdeutung

Die Erforschung des Unbewußten ist im wesentlichen eine Errungenschaft unseres 20. Jahrhunderts. Als Sigmund Freud seine »Traumdeutung« 1899 veröffentlicht, datiert er sie auf 1900 vor, im Bewußtsein, ein Werk für das neue Jahrhundert vorzulegen. Hier taucht der Begriff des Unbewußten ausdrücklich auf, und Freud wird zum Begründer einer regelrechten *Kunst der Deutung* der Schöpfungen des Unbewußten, wie sie sich im Traum, aber auch in den Symbolen der Literatur, der Bildenden Kunst, des Alltagslebens sowie der Alltagssprache mit ihren Witzen, »Versprechern« und Sprichworten ausdrücken.

Nicht zufällig kommen dabei die Psychoanalytiker und Tiefenpsychologen immer wieder auf gesellschaftliche Fragen zurück. So etwa Sigmund Freud in seinen späten Schriften »Das Unbehagen in der Kultur« und »Die Zukunft einer Illusion« und C. G. Jung in der Be-handlung des *kollektiven* Unbewußten sowie zahlreicher Zeitthemen. Denn was die Erforschung des Unbewußten einst ermöglichte – die Geburt des Individuums und die Emanzipation des Unbewußten –, dies nimmt mit der Zeit immer massenhaftere, eben kollektive Ausmaße an, die wiederum die Kenntnis vom Unbewußten vor ungeahnte Aufgaben stellen.

Wandel des Individuums

Heute leben wir in einer Massengesellschaft von Individuen. Wir müssen uns die rasante Entwicklung vor Augen halten: Als das Individuum vor rund 200 Jahren aus der Taufe gehoben wurde, blieben zunächst viele Menschen von den »Menschenrechten« ausgeschlossen. Nordamerika besaß noch Sklaverei und sollte einen Ausrottungskrieg gegen die indianischen Bewohner des Landes führen. In Europa herrschte weithin noch Leibeigenschaft, und auch in England und Frankreich, den »revolutionärsten« Ländern, waren große Teile der Bevölkerung von »Freiheit, Gleichheit und Brüderlichkeit« weit entfernt: Die ärmeren Schichten und alle Frauen!

Die Individualität als *massenhafte* Tatsache ist in Europa nicht älter als 25–30 Jahre. Die 1960er Jahre markieren den entscheidenden Einschnitt. Einer, der dies zur richtigen Zeit auf den Begriff gebracht hat, war der Freud-Anhänger und Sozialpsychologe *Alexander Mitscherlich*. In seiner 1963 erschienenen Schrift »Auf dem Weg zur vaterlosen Gesellschaft« hebt er das Neue, das Unvergleichliche der gegebenen Lage hervor: Eine Massengesellschaft von Individuen – das hat es in der Geschichte noch nicht gegeben. Nicht nur, daß das Individuum überhaupt erst einmal entdeckt und geboren werden mußte. Jetzt sind es nicht mehr einzelne, besondere Menschen, wie der in diesem Zusammenhang immer zitierte Mensch und Dichter Goethe, denen ein individuelles Leben und Selbstverwirklichung möglich sind, sondern viele! Individualität ist zum kollektiven Thema geworden, sie schafft *gemeinsame* Aufgaben und Chancen, welche die heutige Situation von früherem Einzelindividualismus unterscheiden.

Im Begriff des Individuums lebt die Erkenntnis, daß der Mensch etwas »unteilbar Eigenes« besitzt. Individualität als Massenschicksal bedeutet weiterhin, daß *jeder* Mensch etwas Einzigartiges und Einmaliges verkörpert. Die Erforschung des *Unbewußten* findet hier ihre eigentliche Aufgabe, insofern Einzigartigkeit und Einmaligkeit eines Menschen nicht allein an gewisse bewußte oder äußere Merkmale geknüpft sind. Von daher ist es kein Zufall, sondern von der Bedeutung her einfach treffend, wenn in den späten 1960er Jahren die Menschheit zum ersten Mal den Mond betreten hat!

Der Mond steht in der Symbolkunde für die Macht der Nacht und das Reich der Seele. Zum Mond zu fahren und insbesondere *die andere Seite des Mondes zu entdecken*, das war ein Traum, das Programm der Psychologen seit Mesmers Zeiten gewesen. Wie es nun die Raumfahrttechnik ermöglichte, den Mond zu erreichen und auch seine Rückseite zu umrunden und zu erkunden, so hatte die Psychologie dazu verholfen, die Seele des Individuums zu berühren und auch von ihrer *anderen*, ihrer unbewußten Seite her zu erschließen.

All das war und ist absolut neu, und so erklärt es sich, daß in vielen Teilen der Welt seit Mitte der 1960er Jahre *neue Emanzipationsbewegungen* einsetzten und daß nach neuen psychologischen und symbolischen Ausdrucksformen gesucht wurde.

Bis Mitte der 1960er Jahre waren psychologische Themen einem engen Kreis von Fachleuten – Psychiatern, Ärzten, Seelsorgern usw. – vorbehalten. *Danach* und bis heute mit steigender Tendenz setzt eine massenhafte Beschäftigung mit psychologischen Themen ein. Nicht daß wir heute ein Volk von Psychologen wären, aber alle Fragen der Lebens-, Erziehungs-, Liebes- und Familienberatung, so auch Themen der

Traumdeutung, werden in Büchern und Zeitschriften in hohen Millionenauflagen verbreitet und gelesen.

Wandel der Symbole

Heute, in den 1990er Jahren, erleben wir nun eine weitere interessante Wandlung. Weil viele Menschen neue Wege in und mit der Psychologie und den Symbolsprachen in den letzten 25–30 Jahren *gegangen* sind, liegen neue Erfahrungen vor, welche Psychologie und Traumdeutung verändern. Eines der wichtigsten Merkmale dieser neueren Entwicklung liegt darin, daß wir heute für *jedes* Symbol von einer Doppel- und Mehrfachbedeutung ausgehen können. Die Zeit der formelhaften Symbolinterpretation hat ihr Ende erreicht.

Als Beispiel sei hier das Symbol der weißen Taube angeführt. Seit dem Altertum galt sie als Zeichen des Göttlichen (Heiliger Geist oder Bote Gottes) und der Weisheit (Sophia), ebenso als Attribut der Aphrodite und des Eros, mithin als Zeichen der göttlichen Macht der Liebe. Aus dieser Tradition entwickelte sich die weiße Taube weiter zum allseits bekannten Symbol des Friedens. – Auf der anderen Seite kennen aber die meisten Menschen hierzulande inzwischen zum Beispiel auch Hitchcock's Film »Die Vögel«, worin Vögel verschiedener Art, darunter auch weiße und Tauben, zum Zeichen der Angst, der Hysterie einer vernachlässigten Natur und eines wildgewordenen Geistes werden. So wird die weiße Taube zum Inbegriff des *blanken Entsetzens* – und die gewöhnliche Taube zum Symbol des Grauens, der *Taub-heit* und der (seelischen) Betäubung, wie in der vielgelesenen Erzählung von Patrick Süskind »Die Taube«. Nehmen wir noch Georg Kreisler's Chanson »Gehen wir Tauben vergiften im Park...« hinzu, so wird deutlich, daß in der heutigen Kultur das Symbol der weißen Taube in einem neuen Bedeutungsspektrum lebendig – und zu berücksichtigen ist, wenn dieses in Traum, Märchen oder Tarot auftaucht.

Ein weiteres Beispiel für den Symbolwandel ist die Figur des *Wolfs*. Seit Jahrhunderten hatte er sich als »böser Wolf« in den Vorstellungen der Menschen festgesetzt. Diese Vorstellung war einfach Allgemeingut, sie tauchte nicht nur im Märchen auf, sondern zum Beispiel im bekannten Spruch des Thomas Hobbes, der sagte: »Der Mensch ist des Menschen Wolf«. Inzwischen aber ist der Wolf auch zum Symbol des Eremiten, eines Suchenden und Wegweisers geworden, wie etwa im Roman »Steppenwolf« von Hermann Hesse, den dieser 1927 schrieb, der aber erst populär wurde in den späten 1960er Jahren, als er zu einem Kultbuch der Hippie-Bewegung wurde. Heute kennen Millionen Menschen – oder sie haben davon gehört – den Film oder das Buch »Der mit dem Wolf tanzt«. Darin tritt der Wolf als Gegenüber und Gefährte bei einem Reifungsprozeß auf, der zum *eigenen* Weg führt.

Für jedes einzelne Symbol läßt sich heute in vergleichbarer Weise ein enormer Bedeutungszuwachs und also *Bedeutungsreichtum* nachweisen. Die frühere Einseitigkeit der Bestimmung des Symbols ist einer Betrachtung aus vielen, oftmals gegensätzlichen Perspektiven gewichen.

Einesteils sind dabei wirklich *neue Bedeutungen* entstanden und zu alten Vorstellungen hinzugetreten. Auf der anderen Seite verhält es sich auch so, daß die heutige Spannbreite der Symboldeutung eine Vielfalt und Komplexität nur *wiederentdeckt*, die in antiken Zeiten ursprünglich mit diesen Symbolen verknüpft, in der Zwischenzeit nur in Vergessenheit geraten waren:

Vögel, gerade auch in lieblicher Gestalt, kannte schon der antike Mythos als Unglücksbote oder Verhängnis. Als ein Beispiel seien die *Sirenen* erwähnt. Der Mythos beschreibt sie als Jungfrauen mit Vogelleibern, als Seelenvögel, im Hades (Schattenreich) sowie in den himmlischen Gefilden zuhause, wörtlich die »Bestrickenden«. Mit übernatürlichem Wissen und betörendem Gesang begabt, lockten sie vorüberfahrende Seeleute an ihre Insel und töteten sie. Erst als Odysseus ihnen widerstand, stürzten sie sich ins Meer... Der Wolf wiederum geht in der Symbolik auf den *Pluto* zurück (vgl. die Parallelen zwischen dem Märchen Rotkäppchen und dem antiken Mythos von Kore und Demeter). Pluto aber ist in der Antike eine *Doppelgottheit*, er existiert in doppelter Gestalt: Einmal als Pluton (Hades), als Gott der schattenhaften Unterwelt, und zweitens als Plutos, dargestellt als kleiner Knabe mit dem Füllhorn, als Gott des guten Geschicks, des guten Gelingens und der guten Überfahrt. Wenn wir also durch die Entwicklung unserer Kultur heute etwa den Wolf *auch* als symbolischen Freund und Helfer erfahren, so ist dies wirklich neu – gegenüber einer jahrhundertealten Tradition, doch es stellt nur in neuer Form einen Zusammenhang wieder her, der in den Anfängen der Symbolgeschichte bereits einmal bestanden hat.

Neuer Sinn der Archetypen

Diese aktuellen Entwicklungen der Symboldiskussion unterstreichen nachhaltig den Ansatz von C. G. Jung, nach Archetypen, Urbildern und »seit alters vorhandenen allgemeinen Bildern« zu forschen. Denn die skizzierte Entwicklung belegt, wie sehr diese Urbilder gerade in der heutigen Zeit lebendig sind. Allerdings haben »Archetypen« heute eine weitere, zusätzliche Bedeutung gewonnen, die C. G. Jung noch nicht kannte.

Das Wort Archetyp bezeichnet im Altgriechischen nämlich nicht nur Urbild oder Erstprägung, sondern auch *Prägestock und Prägekraft*! Wenn wir also nach der Bedeutung der Archetypen in uns fragen, so führt uns die Antwort in zwei unterschiedliche Richtungen. Als Archetypen sind Prägungen, die wir über das kollektive Unbewußte ererbt haben, in uns wirksam. Aber als Archetyp ist ebenfalls die Kraft, selber Prägestock, selber Urheber oder Urheberin zu sein, wirksam. Archetypen bezeichnen auch die *Erstprägungen*, die wir Kraft unserer Individualität erstmalig tätigen, diejenigen Taten und Talente, mit denen wir persönlich und erstmalig einen bleibenden Eindruck hinterlassen, den es zuvor nicht gegeben hat.

In der altgriechischen Sprache war die Doppeldeutung von »Archetyp« immer schon enthalten (die Verwendung des Begriffs hat C. G. Jung auch nicht eingeführt, sondern aus der Spätantike von Philon und Plotin übernommen). Doch erst aus der heutigen Perspektive, wo die Massengesellschaft von Individuen zu einer Realität geworden ist, geht der Doppelsinn des Begriffs »Archetyp« auf. Jede Symboldeutung ist auch ein schöpferischer Akt, jede *Wahrnehmung* auch eine *Wahrgebung*. Soweit wir dabei neue Begriffe oder neue Werte prägen, werden wir *selber zum Archetypen*, zu einer Kraft, die die Wirklichkeit ein Stück weit neuformt. Archetypen zu erkennen und ihre Energien zu nutzen, heißt daher praktisch, den persönlichen Lebensumständen ein eigenes Gesicht zu verleihen und sie in gewissen Fragen ohne jedes Vorbild als Ur-heber zu gestalten.

Hinweise zu Personen und Fachbegriffen der Traumdeutung

ADLER, Alfred: * 7.2.1870 Wien; † 28.5.1937 Aberdeen.
Adler war erst eng mit S. Freud verbunden, bevor er eine eigene Schule, die der → Individualpsychologie, gründete. Im Mittelpunkt dieser Schule steht der Umgang mit dem → Minderwertigkeitskomplex.

AMPLIFIKATION: Jung geht im Gegensatz zu Freud davon aus, daß ein → Symbol nicht so sehr in seiner feststehenden Bedeutung, sondern in seiner persönlichen Bedeutung für den Träumer zu sehen ist. Den Vorgang, diese persönliche Symbolbedeutung zu finden, nennt die → analytische Psychologie Amplifikation.

ANALYTISCHE PSYCHOLOGIE: die von C.G. Jung gegründete tiefenpsychologische Schule.

ANIMA (lat.: Seele): der weibliche Anteil im Mann (und in der Frau).

ANIMUS (lat.: Geist): der männliche Anteil in der Frau (und im Mann).

ANTIZIPIERENDER TRAUM: Bezeichnung für einen vorausweisenden Traum.

ARCHETYP(US): der Archetyp ist kein faßbares → Bild, sondern ein Strukturprinzip, das ein bestimmtes Bild entstehen läßt. Vgl. den nebenstehenden Text.

ASSIMILATION: Angleichung eines neuen Bewußtseinsinhaltes an schon bestehende Bewußtseinsinhalte.

ASSOZIATION: spontaner Ablauf von Gedanken Vorstellungen und Bildern.
freie Assoziation: in der → Freudschen Psychoanalyse der freie Strom der Gedanken und Worte zu einem bestimmten Traumbild.
gebundene Assoziation: in der → analytischen Psychologie der Strom der Bilder, Gedanken und Worte, der immer wieder auf den zugrundeliegenden Traum zurückbezogen wird.

BEWUSSTSEIN: die psychischen Inhalte des →Ichs.

BILD: ist ein konzentrierter Ausdruck der psychischen Gesamtsituation.

CHAKREN: Energiezentren des menschlichen Körpers, die auch bestimmten Bewußtseinszuständen entsprechen.

DASEINSANALYSE: eine von L. Binswanger gegründete, stark an dem philosophischen Daseinsbegriff Heideggers und der Phänomenologie Husserls orientierte psychotherapeutische Konzeption, die heute hauptsächlich von Medard Boss vertreten wird.

EXISTENZANALYSE: psychotherapeutische Methode, die die Lebensgeschichte in den Vordergrund stellt.

FREUD, Sigmund: * 6.5.1856 Freiberg/Mähren, † 23.9.1939 London Begründer der Psychoanalyse und der modernen Traumdeutung.

GEFÜHL: eine der vier psychischen Funktionen nach Jung, deren Aufgabe es ist, Beziehungen und Situationen zu bewerten.

GESTALTPSYCHOLOGIE: psychologische Schule, die vom Feldbegriff ausgeht und die Ganzheit einer Erfahrung in ihren Mittelpunkt stellt. Einer der bekanntesten Vertreter der Schule ist der ehemalige Freud-Schüler →Frederick S. Perls.

ICH/EGO: das Zentrum des persönlichen →Bewußtseins.

INDIVIDUALPSYCHOLOGIE: die von →A. Adler gegründete tiefenpsychologische Schule.

INFLATION: wenn das →Ich zuviele unbewußte Inhalte aufnimmt, kommt es zu einem Zustand, in dem die betreffende Person ein unrealistisch hohes oder niedriges Selbstbild besitzt. Diesen Zustand nennt Jung Inflation.

INITIALTRAUM: der erste Traum, den man während einer Psychotherapie hat.

INITIATIONSTRÄUME: Einweihungsträume, in denen der Träumerin oder dem Träumer →Bilder präsentiert werden, die zu größerer Ganzheit führen können.

INTUITION: eine der vier psychischen Funktionen nach Jung, die Wahrnehmungen auf ganzheitlichem Weg vermittelt (Ausdruck des persönlichen *Willen*).

JUNG, Carl Gustav: * 26.7.1875 Kesswil/Schweiz, + 6.6.1961 Küsnacht/Schweiz
Von 1900 – 1909 Arbeit als Psychotherapeut unter E. Bleuler, bis 1913 enge Verbindung zu Freud. Danach Trennung von Freud und Gründung der Richtung der → analytischen Psychologie.

KOLLEKTIVES UNBEWUẞTES: tiefste Schicht des → Unbewußten, die aus den → Archetypen besteht.

KOMPENSATION: diejenige Funktion des Traums, die ergänzend zu seinem Tagesbewußtsein dem Träumer unberücksichtigte Aspekte aufweist.

LUIZIDES TRÄUMEN: (auch willkürliches Träumen oder Klarträumen) das Erlangen der Kontrolle im Traum darüber, wie man träumt.

MINDERWERTIGKEITSKOMPLEX: einer der Zentralbegriffe in → Adlers individualpsychologischer Schule. Die → neurotischen Reaktionen, die zur Überwindung des Minderwertigkeitsgefühls gehören.

NEUROSE: psychisch bedingte Gesundheitsstörung.

OBJEKTSTUFE: im Gegensatz zur → Subjektstufe, wenn Traumpersonen auf die entsprechenden realen Personen im Wachleben zurückgeführt werden.

PERLS, Frederick S.: Begründer der Gestalttherapie, → Gestaltpsychologie.

PROJEKTION: die Hinausverlegung eines subjektiven Vorgangs in ein Objekt.

PSYCHE: die Gesamtheit aller psychischen Vorgänge, → Seele.

PSYCHOANALYSE: die von → Freud gegründete tiefenpsychologische Therapie.

PSYCHOSYNTHESE: von Asagnoli entwickelte tiefenpsychologische Methode, welche die → Psychoanalyse und die esoterische Philosophie von Alice A. Bailey miteinander verbindet.

RATIONALISIERUNG: Abwehr von Gefühlen durch einseitige Intellektualisierung.

REDUZIERENDER TRAUM: ein Traum, der den Träumer entwertend darstellt.

REM-Schlaf: Phase im Schlaf, in der schnelle Augenbewegungen (Rapid Eye Movements) vorkommen. In dieser Phase wird geträumt, und die Gehirnwellen ähneln denen im Wachbewußtsein.

Schatten: derjenige Teil eines Menschen, den er nicht lebt und bei sich selbst ablehnt bzw. nicht wahrnimmt (»Blinder Fleck«).

Seele: Inbegriff der einmaligen, unverwechselbaren »Persönlichkeit« eines Lebewesens; die innere Einstellung einer Person.

Selbst: Gesamtheit aller psychischen Phänomene im Menschen.
Höheres Selbst: das Bewußtsein der oberen → Chakren.
Niederes Selbst: das Bewußtsein der unteren → Chakren.

Senoi: Volksstamm in Malaysia, dessen Sozialstruktur angeblich auf der Traumarbeit beruhte.

Subjektstufe: im Gegensatz zur → Objektstufe werden hier im Traum vorkommende Personen und Verhältnisse ausschließlich auf die inneren Vorgänge des Träumers bezogen.

Symbol: bestmögliche Bezeichnung von etwas relativ Unbekanntem, die jedoch auch eine allgemein anerkannte Seite besitzt.

Synchronizität: zeitlich, persönlich oder sachlich zusammenhängende Folge von Ereignissen, für die es keine kausale Erklärung gibt.

Tagesrest: Erinnerungen an Ereignisse des vergangenen Tages, die nach → Freud die Träume bilden.

Telepathische Träume: Träume, in denen man mit anderen Personen Kontakt aufnimmt.

Trauminkubation: Methode, einen bestimmten Traum hervorzurufen.

Unbewusst: im Gegensatz zu → bewußt eine Beziehung zum → Ich, die nicht als solche erlebt wird.

Verdrängung: das motivierte Vergessen von Gedächtnisinhalten.

Anmerkungen

S. 9: Erich Fromm: Märchen, Mythen, Träume – Eine Einführung in das Verständnis einer vergessenen Sprache. Reinbek 1981, S. 15.

S. 9: »Im allgemeinen hilft es...: Vgl. Evelin Bürger/Johannes Fiebig: Tarot – Wege des Glücks. Königsförde 1993, S. 21.

S. 15: Fantasiereise »Besuch beim alten Zauberer«: Zuerst in: Johannes Fiebig: Der Schütze in uns. Einsicht und Begeisterung. Königsförde 1990, S. 103 f.

S. 17: »Königsweg«: Sigmund Freud: Die Traumdeutung. Studienausg. Bd. 2. Frankfurt a. M. 1982, S. 577.

S. 18: Freud zur Voraussagekraft der Träume, hier zit. n. Jürgen v. Scheidt, Das große Buch der Träume. München 1985, S. 302.

S. 25: »Abriß der Psychoanalyse«, vgl. J. Fiebig: Der Widder in uns. Macht und Abenteuer. Königsförde 1991, S. 89 ff.

S. 39: Typische Traum-Motive und ihre Benennung bei Freud und Jung: Vgl. Sigmund Freud, Die Traumdeutung, a. a. O., S. 247 ff. und S. 377 ff. Carl Gustav Jung: Symbole und Traumdeutung, in: ders.: Traum und Traumdeutung. München 1990, S. 7 ff., bes. 25 ff.

S. 40: Treppensteigen als Symbol der Orgasmuskurve: Die Treppe entspricht in der Symbolik auch der Wirbelsäule. Hier vollzieht sich der Auf- oder Abstieg der Energie zwischen Kopf und Unterleib, den oberen und den unteren Chakren (Kundalini). Verblüffend, wie aus dieser ganz anderen Betrachtungsweise sich die Freud'sche Annahme, das Treppensteigen symbolisiere Auf und Ab der Erregungskurve, zusätzlich bestätigt.

S. 48: Abreisen als Umschreibung des Sterbens: So bei Freud: Die Traumdeutung, a. a. O., S. 377.

S. 52: Der Traum zeigte ihre Chance...«: Inzwischen stellte sich heraus, daß der berichtete Traum 14 für die betreffende Träumerin ein persönlicher **Initiationstraum** war und ist, eine Initiation der Weiblichkeit.

S. 58: S. Freud über Prüfungsträume: Vgl. a. a. O., S. 277 ff. und 377.

S. 61: »Tod und (Wieder-)Geburt«: Vgl. Johannes Fiebig: Der Skorpion in uns. Geheimnis und Leidenschaft. Königsförde 1990. S. 63, 98–105.

S. 86: Traumtagebuch, vgl. a Klausbernd Vollmar, Handbuch der Traum-Symbole, Königsförde ^{2}1993, S. 302.

S. 93: »Gelebte Träume«: Begriff und Thematik zuerst in: Johannes Fiebig: Der Schütze in uns, a. a. O., S. 85 ff. Sowie in: Evelin Bürger & Johannes Fiebig (Hrsg.): Tarot-Calender 1993, Trier 1992, S. 7 ff.

S. 96: Janosch: Oh, wie schön ist Panama. Weinheim und Basel 1978.

S. 96: Persönliches Paradies: »Viele Menschen kennen die feinen Unterschiede der verschiedenen Personal Computer. Aber daß es auch ein Personal Paradies, ein wirkliches Land der Träume gibt – da melden wir oft nur ›Error‹, Fehlanzeige oder Blackout! Wir sind häufig einfach nicht auf Glück programmiert und trauen unseren Träumen nichts zu – jedenfalls nichts Gutes«, aus: D. Diedrichs: Traumländer (Ausstellungskatalog). Hamburg 1993, S. 7.

S. 96 ff.: Kleines ABC der Traumziele: Vgl. zu den einzelnen Stichworten sowohl Kb. Vollmar: Handbuch der Traum-Symbole, a. a. O.; als auch J. Fiebig: **Reihe** Die Tierkreiszeichen in Astrologie, Tarot, Traumdeutung und Märchen, 12 Bde. Königsförde 1989–91.

S. 107: »Liebe, die vorwiegend nach persönlicher Übereinstimmung...« aus: E. Bürger/J. Fiebig: Tarot – Wege des Glücks, a. a. O., S. 63. Ebenso das Zitat auf S. 108 oben.

S. 107: Rainer Maria Rilke, zit. n. Marilyn Ferguson: Beziehungen, in: Sphinx Heft 25, S. 21.

S. 110: Edith Vahrenhorst, zit. n. Brigitte Heidebrecht (Hrsg.): Laufen lernen. Bonn 1982, S. 65.

S. 111: »Kaum eine Lebensäußerung...« aus: Stadt-Revue Köln Heft 1/85; vgl. a. J. Fiebig: Tarot – Andere Wege im Alltag. Trier ^{3}1993, S. 33 und 36.

S. 112: Edwin Cassirer: Metamorphoses. Bonn 1991, S. 32.

S. 114: »Wendemarke der Traumdeutung«: Vgl. J. Fiebig: Der Widder in uns, a. a. O., S. 95.

S. 115: Freud über Flugträume, aus: ders., Die Traumdeutung, a. a. O., S. 276 f.

S. 124: »Neue Perspektiven«: Der hier im Anhang wiedergegebene Text stammt aus: E. Bürger/J. Fiebig: Tarot – Wege des Glücks, a. a. O., S. 13–18.

Für Rückfragen, Kritik, Anregungen, Beratungen und Kurse erreichen Sie beide Autoren über den Königsfurt Verlag sowie Kb. Vollmar auch unter folgender Adresse:

Klausbernd Vollmar
Cobblestones · Cley-next-the sea
Holt · Norfolk NR 257 RE · Great Britain

Kb. Vollmar / Joh. Fiebig
c/o Königsfurt Verlag
Königsfurt 6 · D-24796 Kl. Königsförde